evidências da vida após a morte

Dr. JEFFREY LONG
com PAUL PERRY

evidências da vida após a morte

Tradução
Tina Jeronymo

Lafonte

Título original: *Evidence of the Afterlife*
Copyright © Jeffrey Long, 2010
Copyright © Lafonte, 2017
O texto deste livro foi editado conforme as normas do novo acordo ortográfico da língua portuguesa, em vigor no Brasil desde 1º de janeiro de 2009.

Todos os direitos reservados.
Nenhuma parte deste livro pode ser reproduzida sob quaisquer meios existentes sem autorização por escrito dos editores.

Edição brasileira

Direção Editorial *Sandro Aluisio*
Preparação de texto *Walkiria de Felice*
Revisão *Eliel Silveira Cunha*
Edição de Arte *Ana Dobón*
Diagramação *Linea Editorial*
Produção Gráfica Diogo Santos

Dados Internacionais de Catalogação na Publicação (CIP)
(Câmara Brasileira do Livro, SP, Brasil)

Long, Jeffrey
  Evidências da vida após a morte / Jeffrey Long, com Paul Perry ; tradução Tina Jeronymo. - - 2. ed. - São Paulo : Lafonte, 2017.

Título original : Evidence of the afterlife.
ISBN 978-85-8186-227-9

1. Experiência de quase-morte 2. Vida eterna I. Perry, Paul. II. Título.

17-03627   CDD-133.9013

Índice para catálogo sistemático:

1. Vida depois da morte : Espiritismo   133.9013

2ª edição brasileira: 2017
Direitos de edição em língua portuguesa, para o Brasil, adquiridos por
Larousse do Brasil Participações Ltda.

Av. Profa. Ida Kolb, 551 – 3º andar – São Paulo – SP – CEP 02518-000
Tel.: 55 11 3855-2216
atendimento@editoralafonte.com.br • www.editoralafonte.com.br

Dedicado aos milhares de pessoas que compartilharam suas experiências extraordinárias conosco ao longo dos anos e àquelas que as compartilharão no futuro. Vocês estão entre os melhores professores.

Dedicado aos pesquisadores da experiência de quase morte, do passado, atuais e futuros.

Dedicado a Jody Long, cujos esforços tornaram possível este livro.

SUMÁRIO

Introdução 9
1. Primeiros Encontros 29
2. Jornada Rumo ao Entendimento 38
3. Prova nº 1: Morte Lúcida 59
4. Prova nº 2: Fora do Corpo 75
5. Prova nº 3: A Visão dos Cegos 90
6. Prova nº 4: Consciente de um Jeito Impossível 99
7. Prova nº 5: Retrospecto Perfeito 112
8. Prova nº 6: Reunião de Família 127
9. Prova nº 7: Da Boca dos Bebês 140
10. Prova nº 8: Coerência Mundial 153
11. Prova nº 9: Vidas Mudadas 176
Conclusão 203
Notas 209

INTRODUÇÃO

> Um pouco além do alcance da percepção,
> às vezes acredito ver que a Vida é composta de duas
> caixas trancadas, cada uma contendo a chave da outra.
>
> — **Piet Hein**

Foi em 1984 que me deparei pela primeira vez com a frase *experiência de quase morte* (EQM) nas páginas de um jornal médico. Apenas vários anos depois, ouvi a esposa de um amigo contar sobre sua própria EQM, quando quase morreu devido a uma reação alérgica, por causa de uma anestesia geral. Mais de dez anos depois, em 1998, criei a Near Death Experience Research Foundation — NDERF (Fundação de Pesquisas sobre a Experiência de Quase Morte — FPEQM) e seu respectivo *site*, NDERF.org.

Um dos meus objetivos para o *site* foi o de reunir o máximo possível de EQMs e compilá-las por meio de um questionário que tornaria fácil separar e estudar os elementos delas. Com tal questionário, eu poderia examinar os elementos individuais nas EQMs ou uma EQM inteira propriamente. Esperei obter êxito num projeto, mas, como acabou acontecendo, tenho obtido um êxito *tremendo*. No decorrer dos primeiros dez anos, mais de 1.300

pessoas que tiveram uma experiência de quase morte passaram muitas horas de seu precioso tempo respondendo a mais de cem perguntas do questionário detalhado. Essas pessoas são de todas as raças e credos e, virtualmente, de todos os cantos do planeta.

O fato de tantas pessoas desejarem compartilhar suas EQMs com outras diz muito sobre o poder dessas experiências na vida de alguém. Os participantes descrevem nas respostas suas experiências de uma variedade de maneiras, chamando-as de "extraordinárias", "inefáveis", "inesquecíveis", "de uma beleza que transcende as palavras" e assim por diante. Mais de 95% das pessoas que preencheram o questionário sentem que sua EQM foi "decididamente real", ao passo que os menos de 5% restantes sentem que foi "provavelmente real". Nenhuma delas respondeu que "decididamente não foi real". Algumas dizem que não apenas foi a coisa mais real que já lhes aconteceu mas também o melhor acontecimento de sua vida. Um participante que quase morreu em uma tentativa de suicídio escreveu:

> Eu estava em paz comigo mesmo. Não havia dor alguma. Eu podia ver apenas minha vida e a mim mesmo por meio do Amor daquele Ser. Não havia nada negativo em mim mesmo nem partindo daquele Ser por nada que eu tivesse feito, inclusive me suicidar. Ele [meu ato] foi mudado pelo poder da Verdade do Amor, pelo qual foi visto. A Graça Amorosa, aceitação total, amor e verdade completos criaram uma alegria em mim. Vi que o amor estava em mim também, não apenas o do Ser brilhando sobre mim; estava em mim como parte de mim mesmo. Eu estava repleto de amor e paz. Senti a alegria dessa verdade. Não tenho as palavras exatas para isso.

Tenho visto esse tipo de resposta de muitas pessoas que tiveram experiências de quase morte. Imagine isso — uma experiência que começa com o terror absoluto de um acontecimento que ameaça a vida e acaba evoluindo para uma experiência cheia de maravilhas e mistério!

Sou um homem da ciência e, por conseguinte, examinei os dados do estudo da NDERF de maneira científica. Na NDERF, exploramos *todos* os elementos nas EQMs de mais de mil pessoas, examinando a coerência entre os relatos. Para chegar a conclusões sobre esses relatos, seguimos um princípio científico básico: *O que é real é visto quase sempre entre muitas observações diferentes.*

Os resultados do estudo da NDERF indicam harmonia notável entre os casos pesquisados de EQM. Esse estudo revela que aquilo que as pessoas descobriram durante sua experiência de quase morte sobre Deus, sobre o amor, sobre a vida após a morte, razão para a nossa existência terrena, sobre tribulações terrenas, perdão e muitos outros conceitos é de uma harmonia surpreendente entre culturas, raças e credos. Também, tais descobertas em geral não são o que teria sido esperado de crenças sociais preexistentes, de ensinamentos religiosos ou de qualquer outra fonte de conhecimento terreno.

Essas são ótimas notícias para um mundo atormentado pelas aflições da alma. Muitos dos problemas pessoais e sociais que enfrentamos — abuso de drogas e de álcool, depressão, ansiedade, violência urbana, disputas religiosas, racismo e assim por diante — poderiam ser bastante influenciados de maneira positiva por uma experiência comum tão poderosa como essa. Pelo fato de as EQMs acontecerem com pessoas no mundo inteiro, são uma rede espiritual que une a todos nós, uma experiência comum que nos faz lembrar de nossa natureza espiritual mútua. O estudo da NDERF, no mínimo, contribui com informações que fortalecem nossa compreensão dessa rede espiritual.

Mas o estudo da NDERF também é muito valioso para nos deixar mais próximos de entender o que acontece quando morremos. Há muito tempo parei de acreditar que a morte é o encerramento da nossa existência. Levei um longo tempo para chegar a este ponto. Nasci em uma família de cientistas. Meu pai era presidente do Departamento de Farmacologia da Universidade de Iowa e foi, uma vez, indicado ao Prêmio Nobel. Por intermédio dele e de outros da nossa família desenvolvi grande respeito pela ciência.

Com o estudo científico dos mais de 1.300 casos compartilhados com a NDERF, acredito que as nove linhas de evidências apresentadas neste livro convergem todas para um ponto central: *Existe vida após a morte.*

A convergência de várias linhas de evidências — como as nove apresentadas neste livro — desenvolve um argumento bem mais sólido do que apenas uma única linha de evidências.

Por exemplo, suponhamos que tivéssemos apenas duas linhas de evidências da EQM. Podemos não ficar 100% convencidos de que essas duas linhas de evidências comprovem a vida após a morte, mas talvez cada linha de evidência em si seja 90% convincente. Combinadas, essas duas linhas de evidências, por meio de cálculos matemáticos, são 99% convincentes de que a vida após a morte existe.[1]

Considerando-se o quanto é complexo analisar matematicamente apenas *duas* linhas de evidências, imagine como seria extraordinário analisar matematicamente todas as *nove* linhas de evidências da EQM. Ainda bem que isso não será necessário. O *site* da NDERF possui um formulário especialmente elaborado que realiza de maneira automática esses cálculos matemáticos. Esse proveitoso recurso do *site* permite que *você* calcule sozinho com que intensidade *você* acredita que as nove linhas de evidências comprovam a existência da vida após a morte. Você também poderá ver os resultados obtidos por todas as outras pessoas que completaram esse formulário. Esse formulário e outros materiais que complementam este livro estão disponíveis no *site* da NDERF, na nossa página que investiga evidências de vida após a morte (http://www.nderf.org/afterlife). O formulário abrange conceitos apresentados ao longo deste livro. Assim, recomendo que você termine de ler o livro antes de preencher o formulário.

O QUE ACONTECE DURANTE UMA EXPERIÊNCIA DE QUASE MORTE

Antes de prosseguir, devo fornecer uma explicação detalhada do que é experiência de quase morte.

Experiências de quase morte (EQMs) são acontecimentos que ocorrem enquanto uma pessoa está morrendo, ou, de fato, quando já está clinicamente morta. Diz-se, então, que a pessoa tem ou passa por uma experiência de quase morte como referência ao que vivencia. Desde a época em que as experiências de quase morte foram pesquisadas clinicamente pela primeira vez e descritas pelo dr. Raymond Moody em seu livro pioneiro, *A Vida Depois da Vida*, em 1975, médicos e outros pesquisadores têm examinado esse fenômeno a fundo.[2]

Não existe uma definição bastante aceita da experiência de quase morte. O estudo da NDERF fez uma abordagem direta, definindo ambos os componentes da *quase morte* e da *experiência* na experiência de quase morte. Considerei indivíduos como "quase mortos" quando estavam tão debilitados que morreriam com certeza se seu quadro não melhorasse. Em geral os indivíduos estudados estavam inconscientes e, com frequência, apresentando aparente morte clínica, com ausência de batimentos cardíacos e de respiração. A "experiência" teve de ocorrer quando estavam quase mortos. A experiência também teve de ser lúcida, excluindo descrições de lembranças desorganizadas e apenas fragmentadas.

No decorrer deste livro, apresentaremos os resultados da pesquisa da NDERF. A menos quando indicado de outro modo, esses serão os resultados da pesquisa de 613 participantes (pessoas que passaram por uma EQM) sequenciais que preencheram a versão mais recente da pesquisa no *site* da NDERF.[3] Essa versão da pesquisa incluiu as perguntas de Escala de EQM.[4] A Escala de EQM faz 16 perguntas sobre o conteúdo da experiência e é o método de pesquisa mais válido para ajudar a distinguir experiências que são experiências de quase morte daquelas que não são. Os 613 participantes cujos resultados de pesquisa estamos apresentando aqui tiveram todos pontuação 7 ou acima na Escala de EQM, reiterando essas experiências como EQMs legítimas. A versão original da pesquisa da NDERF estudou respostas de 413 pessoas que passaram por uma EQM. As perguntas de Escala de EQM não foram usadas na pesquisa original da NDERF.

Não existem experiências de quase morte idênticas. Entretanto, quando muitas experiências de quase morte são estudadas, um padrão de elementos que ocorrem em EQMs é facilmente visto. Tais elementos em geral ocorrem em uma ordem coerente.

Pesquisadores concluíram que as EQMs podem incluir alguns ou todos os 12[5] elementos a seguir:[6]

1. Experiência fora do corpo (EFC, ou OBE: out-of-body experience): separação da consciência do corpo físico.
2. Sentidos aguçados
3. Emoções ou sentimentos intensos e quase sempre positivos
4. Passagem por, ou dentro de, um túnel
5. Encontro de uma luz mística ou brilhante

6. Encontro com outros seres; ou seres místicos, ou parentes ou amigos falecidos
7. Uma sensação de alteração de tempo ou de espaço
8. Recapitulação de vida
9. Encontro de planos sobrenaturais ("celestiais")
10. Descoberta ou aprendizado de um conhecimento especial
11. Encontro de um limite ou barreira
12. Retorno ao corpo, voluntário ou involuntário

Abaixo, seguem descrições desses elementos do estudo de casos que reuni ao longo de mais de dez anos de pesquisa, como também a porcentagem de pessoas que passaram por uma EQM do nosso grupo de estudo que vivenciou cada um dos elementos.

1. Experiência fora do corpo (EFC)

> Pude sentir o meu espírito deixando realmente o meu corpo. Vi e ouvi as conversas entre o meu marido e os médicos que se deram do lado de fora do meu quarto, a cerca de uns 12 metros adiante num corredor. Mais tarde fui capaz de confirmar essa conversa com meu marido.

Uma pessoa que teve uma EQM observou no estado de fora do corpo a reação do médico ao fato de quase perder esse paciente:

> Por que você ficou tão transtornado, gritando e praguejando no centro cirúrgico? Não sabia que eu podia ouvir cada palavra do que estava dizendo?

Esse paciente, então, contou o que o médico respondeu:

> Tem razão. Eu estava tão frustrado, cansado e zangado naquele centro cirúrgico que comecei a gritar quando estávamos perden-

do você. Ou era gritar ou chorar. Você estava morrendo e não havia nada que eu pudesse fazer para impedir. Terei de repensar no que digo a um paciente inconsciente de agora em diante, não é mesmo?

Experiências fora do corpo são com frequência o primeiro elemento da EQM. A pesquisa da NDERF perguntou a 613 pessoas que passaram por uma EQM: "Você vivenciou uma separação da sua consciência do seu corpo? A resposta de 75,4% foi: "Sim".

2. Sentidos aguçados

Não há meio de explicar isso, assim como não existe sentimento igual aqui na terra. Foi claro como cristal. Foi como voltar para casa, enfim. Um sentimento de pertencer a algo, de significado, de plenitude. Pareceu muito mais real do que qualquer coisa pela qual já passei na minha vida inteira.

A pesquisa da NDERF perguntou: "Como o seu mais elevado nível de consciência e sua vigilância durante a experiência se comparam à sua consciência e vigilância normais, cotidianas?" Das pessoas que passaram por uma EQM pesquisadas, 74,4% indicaram que estiveram "mais conscientes e vigilantes do que o normal".

3. Emoções ou sentimentos intensos e geralmente positivos

Esta é a coisa mais difícil de explicar... Palavras não chegarão nem perto de captar os sentimentos, mas vou tentar: amor total, incondicional, envolvente, compaixão, paz, afeto, segurança, sensação de pertencer, compreensão, sensação maravilhosa de estar em casa e alegria.

> Tudo o que senti foi amor, alegria, felicidade e todas as emoções maravilhosas que se pode sentir de uma só vez.
> Paz total, calma total. Não senti nem um pouco sequer de medo ou de ansiedade.
> Quando chegamos à luz, a totalidade da vida era amor e felicidade. Não havia nada mais. E era intenso. Muito intenso e infinito em sua abrangência.
> [Senti uma] extrema sensação de amor, paz e beleza que não consigo descrever em palavras.

A pesquisa da NDERF perguntou: "Você teve uma sensação de paz ou de contentamento?" A essa pergunta, 76,2% selecionaram "Paz ou contentamento incríveis". A pesquisa da NDERF fez outra pergunta sobre uma emoção específica durante a EQM: "Você teve uma sensação de alegria?" As pessoas que passaram por uma EQM responderam a essa pergunta com 52,5% selecionando "Alegria incrível".

Uma pequena porcentagem das EQMs é assustadora para as pessoas que a tiveram. Esse assunto é tratado em detalhes no *site* da NDERF.[7]

4. Passagem por, ou dentro de, um túnel

> Minha percepção seguinte foi a de ser mergulhado e acalentado num movimento morno, ondulante e flutuante na abertura de um túnel. O túnel tinha laterais suaves e esvoaçantes e era bem iluminado, com as dimensões do túnel diminuindo e o brilho aumentando enquanto se aproximava de uma única luz brilhante.
> Viajamos muito rapidamente até um túnel. O túnel era de várias cores diferentes: azul, amarelo, branco, verde e vermelho.

A pesquisa da NDERF perguntou: "Você passou por dentro ou através de um túnel ou recinto fechado?" Entre os indivíduos que passaram por uma EQM e responderam a essa pergunta da pesquisa, 33,8% disseram "Sim".

5. Encontro de uma luz mística ou brilhante

> Uma luz branca e brilhante no final do túnel e, quando os lados me envolveram, eu me tornei parte da luz branca.
> Uma bela luz me atraiu; a luz ainda me desperta reverência, e as lágrimas vêm imediatamente.
> Em princípio, a luz era azul. Então, ela mudou para branca. Era um branco opalescente; quase cintilava, mas não resplandecia. Era brilhante, mas não com um brilho intenso; com um brilho suave... um brilho puro. Puro mas não no sentido habitual da palavra. Puro como algo que você nunca tenha visto antes ou conseguiria descrever ou colocar em palavras.
> Foi como se atravessássemos uma parede diretamente até o meu trecho de luz. Havia uma luz central ampla e majestosa e, então, os trechos de luz individuais, mas, ainda assim, conectados, exatamente como a luz central, só que menores. Agora, acho que os trechos de luz, como o meu, eram outras almas conectadas à luz central, Deus.

A luz pode ser descrita como brilhante, "como um milhão de sóis", mas virtualmente nunca fere a pessoa que está tendo a EQM quando olha para ela. As pessoas que passam por uma EQM podem descrever com dramaticidade sua forte atração pela luz e seu desejo enfático de se aproximar ou de se fundir com a luz. A pesquisa da NDERF perguntou: "Você viu uma luz?" Os participantes que tiveram EQMs responderam com 64,6% dizendo "Sim".

6. Encontro com outros seres; ou seres místicos, ou parentes ou amigos falecidos

> Eu estava cercado por outros seres, ou por pessoas, por que eu tinha a sensação de reconhecer. Esses seres eram como parentes, velhos

amigos, que tinham estado comigo por uma eternidade. Posso descrevê-los melhor como minha família espiritual ou de alma. Encontrar esses seres foi como a reunião com as pessoas mais importantes da vida de uma pessoa após uma longa separação. Houve uma explosão de amor e alegria em nos vermos outra vez entre todos nós.

Meu pai estava bem ao meu lado, mas não pude vê-lo. Minha irmã estava bastante próxima; senti que estava à minha esquerda. Senti outros membros da família por perto, mas não os vi. Minha irmã e outros familiares pareciam estar mais à esquerda. A única pessoa que estava lá além da minha irmã e do meu pai e que eu conhecia era a minha avó. Havia outros lá, mas nenhum que eu possa dizer com certeza além dos que mencionei.

Ouvi as vozes da minha mãe e da minha filha, mas a minha filha, que tinha cerca de 2 anos na época, bem, era o som de sua voz adulta, mas eu soube que era a voz dela. Elas chamaram meu nome, e o meu corpo se moveu como se fosse através de uma corrente de ar, com muita rapidez. Foi como se o vento me carregasse de forma veloz, e vi uma luz brilhante, brilhante, bem depressa, e, em seguida, uma praia, e então vi minha mãe e minha filha paradas na praia; minha filha havia crescido.

A pesquisa da NDERF perguntou: "Você encontrou ou viu quaisquer outros seres? Dos participantes, 57,3% responderam "Sim". Quando as pessoas que passam por uma EQM encontram pessoas falecidas, na maioria são parentes, e em menor número amigos ou entes amados. Algumas dessas pessoas encontram seres aparentemente familiares, mas não se recordam de já os terem conhecido antes. Num período posterior da vida, alguns indivíduos que têm EQMs reconhecem uma foto de um parente falecido como o ser que encontraram em sua EQM. O parente pode ter morrido anos ou até décadas antes de a pessoa que teve a EQM ter nascido.

7. Uma sensação de alteração de tempo ou espaço

Quando deixei o meu corpo, eu estava com o meu relógio de mergulho. Fiz algumas medições nada científicas da distância que viajei, observando os pontos de destaque e medindo-os pelo segundo ponteiro do meu relógio. Completamente não científico. Mas a minha conclusão foi e sempre tem sido: eu estava medindo o tempo num tempo alterado. O chão não se movia de modo linear; as distâncias eram erráticas, na melhor das hipóteses. As distâncias sempre mudavam, às veze[s] repetindo-se e, então, tornando[-se] instantaneamente mais longas ou [mais] curtas do que a distância anterior. Ainda assim, meu relógio continuou funcionando sem mudanças. Minha intuição e impressão foram que eu estava numa zona de tempo diferente, onde o meu relógio terreno era inútil ou incapaz de fazer quaisquer medições ou de refletir o tempo. Também, sem dúvida eu diria que essa coisa toda durou uma hora ou mais. Pareceu-me que fiquei na EQM por longo tempo. Mas quando perguntei aos meus companheiros de mergulho por quanto tempo fiquei inconsciente, eles estimaram que foi de cinco a dez minutos. Desse modo, tive outra razão para reforçar o porquê de o meu relógio de mergulho não parecer medir o tempo na minha EQM.
Pareceu que vivenciei muita coisa num período bastante curto de tempo terreno. Para onde a minha alma viajou, não soube nada do tempo como sabemos [do] tempo que se passa na terra.
Tanto o tempo quanto o espaço na terra pararam. Simultaneamente, "o tempo e o espaço" do outro lado eram completamente vívidos, evidente[s] e reais.
Sim, enquanto eu estava na luz, não tive... [nenhum] senso de tempo como o conheço aqui na terra. Em outras palavras, nenhum senso da natureza sequencial do tempo... passado, presente, futuro. Todos os tempos (passado, presente e futuro) foram vivenciados em qualquer momento do tempo enquanto eu estava na luz.

A pesquisa da NDERF perguntou: "Você teve alguma sensação de alteração de espaço e tempo?" A essa pergunta, a maioria, 60,5%, respondeu "Sim".

Outra pergunta da pesquisa da NDERF concentrou-se apenas em uma sensação de alteração de tempo, indagando: "O tempo pareceu transcorrer mais depressa?" As pessoas que passaram por uma EQM responderam a essa pergunta com 33,9% selecionando "Tudo pareceu estar acontecendo ao mesmo tempo".

8. Recapitulação de vida

> Vi a minha vida passar depressa diante de mim, logo depois que deixei o meu corpo e ainda estava no quarto do hospital. Me disseram que eu iria ajudar a ensinar e instruir muitas pessoas, e é isso o que estou fazendo agora.
> Vi cada acontecimento importante que já ocorrera em minha vida, desde o primeiro aniversário, passando pelo meu primeiro beijo até brigas com os meus pais. Vi como eu era egoísta e como daria qualquer coisa para voltar e mudar.
> Em seguida, ele me mostrou a minha recapitulação de vida. Cada segundo do nascimento até a morte, você verá e sentirá, e [você irá] vivenciar suas emoções e as de outros que você magoou e sentir a dor e as emoções deles. Isto serve para que possa ver que tipo de pessoa você foi e como tratou os demais, de outro ponto de vista, e você será mais duro consigo mesmo do que qualquer um para julgá-lo.
> Não verei o que os outros fizeram a você. Verei o que você fez aos outros.

As recapitulações de vida envolvem um retrospecto de acontecimentos anteriores à vida do indivíduo que tem uma EQM. Podem ser vistos fragmentos da vida terrena de uma pessoa, ou a recapitulação pode ser panorâmica, abrangendo a vida terrena inteira de um indivíduo. A pesquisa da NDERF perguntou: "Você teve uma recapitulação de acontecimentos passados na sua vida? A essa pergunta, 22,2% das pessoas que passaram por uma EQM responderam "Sim".

9. Encontro de planos sobrenaturais ("celestiais")

> Bem, o final daquele túnel era um lugar de absoluta paz; era além da minha imaginação, puro, sereno e amoroso.
> A paisagem era linda, céu azul, colinas ondulantes, flores. Tudo era repleto de luz, como se fosse iluminado de dentro para fora, e irradiava luz, não a refletia.
> Havia tamanha beleza, beleza para além do que se pode expressar. Também havia uma cidade brilhante, ou algo semelhante a uma cidade na distância. As cores e estruturas de tudo [eram] lindas... impressionantes.
> A toda minha volta, pude ver e sentir uma bela paz e tranquilidade com amor e serenidade... Até onde a vista podia alcançar à minha esquerda havia uma linda paisagem de tulipas de todas as cores imagináveis. À minha esquerda havia uma parede de um bonito azul que combinava com o céu.
> Não tenho como descrever o som daquela música em palavras porque simplesmente não pode ser ouvida com aquela clareza neste mundo! As cores não eram deste mundo — tão profundas, tão luminosas, tão lindas!

A pesquisa da NDERF perguntou: "Você viu ou visitou algum local, plano ou dimensão bonitos ou, de algum outro modo, distintos? Para essa pergunta, 40,6% das pessoas que passaram por uma EQM escolheram "Sim". Fazendo essa pergunta de maneira mais generalizada, a pesquisa da NDERF indagou: "Você pareceu entrar em algum outro mundo sobrenatural?" A essa pergunta, 52,2% das pessoas que passaram por uma EQM responderam que encontraram um plano sobrenatural.

10. Descoberta ou aprendizado de um conhecimento especial

> Quando fitei os olhos dele, todos os segredos do Universo me foram revelados. Sei como tudo funciona porque fitei os olhos dele por um momento. Todos os segredos do Universo, todo o conhecimento de todos os tempos, tudo.
> Entendi (uso este termo porque de fato não ouvi) que as gotas coloridas eram as experiências de todos que já viveram. As experiências existiam como itens separados e, ainda assim, pertenciam ao todo. O todo era o conhecimento coletivo de todos.

A pesquisa da NDERF perguntou: "Você teve a sensação de adquirir conhecimento especial, ordem universal e/ou desígnio? A essa pergunta, 56% dos indivíduos que tiveram uma EQM responderam "Sim". Outra pergunta foi feita: "Você pareceu entender tudo de repente?" A essa pergunta, 31,5% responderam que pareceram entender tudo "sobre o universo", e 31,3% responderam que pareceram entender tudo "sobre mim mesmo ou outros".

11. Encontro de um limite ou barreira

> Do meu lado da barreira, o tempo pareceu passar devagar. Do outro lado, o tempo transcorria mais depressa.
> Havia uma porta diante de mim com uma música saindo de lá e pessoas comemorando com uma imensa alegria que eu conhecia e reconheço[cia] como lar. Uma vez que [eu] atravessasse, não poderia voltar.
> Cheguei ao ponto onde senti que teria de escolher entre voltar para a vida ou avançar para a morte. Minha melhor amiga estava lá (a qual havia morrido de câncer dois anos antes), e ela me disse que eu só poderia ir até ali, ou não teria como voltar. "Você chegou ao limite. É

o máximo até onde pode ir", disse ela. "Agora, volte e viva a sua vida plenamente e sem medo."
Não tive permissão para atravessar aquele limite. Não houve escolha.

A pesquisa da NDERF perguntou: "Você encontrou um limite ou uma estrutura física como uma barreira? A essa pergunta, 31% das pessoas que passaram por uma EQM responderam "Sim".

12. Retorno ao corpo, voluntário ou involuntário

Eu me lembro que, enquanto olhava para baixo, para eles, falei ao anjo: "Por que simplesmente não a deixam morrer?" Não me dei conta, naquele momento, de que o corpo para o qual eu olhava era o meu. Então, com uma voz peremptória, ela [o anjo] disse: "Você tem de voltar agora"... "Ela tem de viver", disse ela com voz suave e tranquilizadora. "Ela tem um filho para criar."
Fiquei magoado de verdade por não poder ficar porque não havia nada que eu desejasse mais do que ficar. Amor puro é a melhor maneira de descrever o ser e o lugar que eu estaria deixando. Sob protesto, fui mandado de volta.
Descobri que o meu propósito agora seria viver o "paraíso na terra", usando esse novo entendimento, e também dividir esse conhecimento com outras pessoas. Entretanto, pude escolher entre voltar à vida ou seguir para a morte. Me fizeram entender que não era a minha hora, mas eu também tinha a escolha e, se escolhesse a morte, eu não vivenciaria as dádivas que o resto da minha vida ainda me reservava. Uma das coisas que eu quis saber foi, caso escolhesse a vida, se teria de voltar para aquele corpo doente, porque o meu corpo estava muito, muito doente, e os órgãos tinham parado de funcionar. Me fizeram entender, então, que, se eu escolhesse a vida, meu corpo sararia bem depressa. Eu veria uma diferença não em meses ou semanas, mas em dias!

A pesquisa da NDERF perguntou: "Você participou, ou esteve ciente, de uma decisão relacionada ao seu retorno ao corpo?" A essa pergunta, 58,5% responderam "Sim".

A EXPERIÊNCIA PROVÊ A MELHOR EVIDÊNCIA

Sou de opinião que faz absoluto sentido que a melhor prova para se entender o que acontece quando morremos viria daqueles que quase *morreram* ou que até mesmo tiveram morte clínica declarada. Essa perspectiva sensata é sem dúvida validada no estudo da NDERF. A maioria substancial das pessoas que tiveram uma experiência de quase morte acredita que suas EQMs são reais e que são prova da vida após a morte. Para as pessoas que vivenciam esse fenômeno, ter uma experiência de quase morte é sua prova pessoal tanto da realidade da EQM *quanto* da vida após a morte.

Na ciência, a confirmação da realidade de um conceito, em geral, não vem apenas de uma única observação ou estudo, mas de muitos estudos independentes com metodologias diferentes. Essa verificação minuciosa entre os estudos científicos sempre foi o alicerce para a validação das descobertas científicas. Desse modo, é de vital importância observar que as descobertas do estudo da NDERF são corroboradas por centenas de estudos anteriores da EQM conduzidos por diversos pesquisadores do fenômeno. No decorrer deste livro, citamos muitos estudos importantes de EQM conduzidos por outros pesquisadores. Esses outros estudos quase sempre fizeram as mesmas observações e chegaram às mesmas conclusões que o estudo da NDERF. Isso vem se somar às linhas convergentes das evidências que me levam a concluir: *Existe vida após a morte.*

Sei que essa crença me coloca num limbo. A despeito de uma pesquisa recém-realizada pelo Fórum de Religião e Vida Pública do Centro Pew, que demonstra que 74% dos norte-americanos acreditam em vida após a morte, também sei que essa crença é em geral atribuída a pessoas com arraigada convicção religiosa.[8] Quero deixar claro que sou tanto um cientista *quanto* uma pessoa que acredita na vida após a morte.

Reconsiderei muito do que me foi ensinado na faculdade de medicina. Essa reconsideração começou há muitos anos, quando a NDERF acabara de ser fundada. Eu estava na biblioteca de medicina, numa busca infrutífera de informações sobre experiências de quase morte. Era um dia tomado por uma quietude atípica e, enquanto estava sentado entre dezenas de milhares de livros e jornais, eu me deixei perder nos meus pensamentos. Ao alcance das minhas mãos achavam-se os maiores estudos e conceitos médicos e científicos do mundo. Ainda assim, depois de examiná-los, descobri que a resposta para o mistério das experiências de quase morte não estava ali. No conhecimento coletivo à minha volta dos maiores doutores e cientistas médicos do mundo, pude encontrar bem pouca e preciosa informação para me ajudar a entender a experiência de quase morte.

Deixei a biblioteca de medicina com a pergunta com a qual entrara ali: *Qual é a chave para se entender as experiências de quase morte?*

Mais tarde, a resposta me ocorreu. Era tão simples e, ainda assim, exigia uma mentalidade diferente daquela cultivada na minha formação acadêmica. A resposta: ouvir e ouvir *com atenção* as pessoas que passaram por uma experiência de quase morte. Elas com certeza são uma das melhores fontes para a compreensão do que nos espera no limiar da morte e além. Uma vez que me dei conta desse fato, nunca olhei para trás. Os estudos de quase morte se concentram em histórias e nas pessoas que as contam. É por meio dessas pessoas e de suas histórias que as respostas para muitas perguntas importantes sobre a mortalidade podem ser encontradas.

Capítulo 1

PRIMEIROS ENCONTROS

> Um homem deve procurar o que é
> e não o que ele acha que deve ser.
>
> — **Albert Einstein**

Eu fazia residência médica na Universidade de Iowa quando, certo dia, procurava um artigo específico sobre câncer na biblioteca. O artigo que buscava havia sido publicado no *Journal of the American Medical Association*, um dos jornais médicos de maior prestígio mundial. Com uma edição semanal, o jornal consiste em uma compilação fascinante de pesquisa e ciência médica. Para mim, é quase impossível pegar um exemplar e olhar apenas um artigo, e foi o que aconteceu nesse dia, em 1984, quando me sentei para verificar a edição de número 244.

Comecei a folhear o jornal, até que cheguei a uma réplica de um artigo intitulado "Dormir, Possibilidade de Sonhar", do dr. Richard Blacher, da Universidade Tufts de Boston.[1] A réplica era uma carta escrita pelo dr. Michael Sabom e se intitulava "A Experiência de Quase Morte".

O que é essa "experiência de quase morte"?, perguntei-me. Falando-se em termos médicos, eu não conhecia nenhuma experiência consciente que pudesse acontecer próxima ao ponto da morte. As pessoas não ficam inconscientes quando estão quase mortas?, ponderei. O próprio termo *inconsciente* não implica que não existe possibilidade de uma experiência consciente organizada?

Inclinando-me para a frente na cadeira, comecei a ler a carta que mudaria a minha vida.

Blacher havia constrangido Sabom com um comentário sobre experiências de quase morte dizendo que elas não nos dizem nada sobre o estado final da morte em si. Blacher prosseguira, insistindo que a interpretação equivocada dessa experiência podia ser evitada com uma observação mais minuciosa desse fenômeno, que foi o que Sabom fez há pouco tempo. A resposta de Sabom ao artigo de Blacher continha certa eletricidade percorrendo-a.

> Conduzi faz pouco uma investigação sistemática dessas experiências em 107 pessoas que, comprovadamente, sobreviveram a uma ocorrência de inconsciência e quase morte (i.e., parada cardíaca e coma). Usando técnicas de entrevistas padronizadas, as origens sociais, religiosas e demográficas de cada pessoa foram avaliadas junto com os detalhes de cada acontecimento de crise médica e quaisquer possíveis recordações do período de inconsciência. Avaliei pacientes que descreveram longas experiências "fora do corpo" durante cirurgia no coração de peito aberto, nas quais eles observaram a operação em detalhes "visuais" distintos.
> Até hoje, não consegui encontrar uma explicação médica adequada para a EQM. Blacher sugere que essas experiências representam uma "fantasia de morte" e são manifestações de um cérebro com hipoxia tentando lidar com "as ansieda-

des provocadas por procedimentos e conversas médicas". Experimentalmente, pessoas sujeitas a hipoxia grave relataram de forma constante que tiveram memória confusa, desorientada, com severa diminuição da capacidade perceptiva precedendo a perda da consciência. Isso difere da clara percepção "visual" dos acontecimentos físicos em andamento que se seguiram à perda da consciência como encontrados na EQM. Além do mais, muitas EQMs aconteceram em ambientes bastante afastados "das ansiedades provocadas por procedimentos e conversas médicas".

Blacher aponta que "os médicos têm de ser muito cautelosos em aceitar crença religiosa como dados científicos". Posso acrescentar que igual cautela deve ser usada para se aceitar crença científica como dados científicos.[2]

Copyright © 1980 Associação Médica Americana.
Todos os direitos reservados.

Depois de ler a resposta de Sabom, fiquei estupefato. Embora Sabom tenha escrito apenas uma breve carta ao editor, essa carta abordou um aspecto da medicina que era uma coisa nova para mim. Experiências de quase morte! Nada na minha formação médica tinha me preparado para uma discussão sobre o assunto. Foi como se eu tivesse perdido uma aula vital e, agora, encontrasse um material de estudo para começar a preencher aquela lacuna na minha educação formal.

Perguntei a mim mesmo: Por que não existe mais pesquisa sobre esse fenômeno? Lembro de ter ficado sentado durante algum tempo na biblioteca pensando no que acabara de ler. Então, o ruído de um livro sendo fechado me trouxe de volta ao presente. Eu estava estudando para me tornar um rádio-oncologista — médico que utiliza a radiação para tratar câncer — e não podia me deixar desviar do meu intento, nem mesmo por uma tarde.

Tirando o assunto das experiências de quase morte da cabeça, prossegui com os meus estudos médicos.

Ou, ao menos, *tentei* continuar como se nada tivesse acontecido. Após o meu encontro casual com a carta de Sabom no *JAMA*, a impressão que tive foi a de que as experiências de quase morte surgiam por toda parte. Li sobre elas em revistas e jornais e lhes assisti na tevê enquanto pessoas contavam notáveis histórias sobre terem deixado o corpo no ponto da morte e ido para outro mundo.

Li os trabalhos clássicos sobre experiências de quase morte e encontrei ampla variedade de definições para essa experiência. O termo *experiência de quase morte* foi criado pelo dr. Raymond Moody em seu livro líder de vendagem, *A Vida Depois da Vida*, trabalho sobre o primeiro estudo conhecido de EQMs.[3] O dr. Moody definiu a *experiência de quase morte* pela primeira vez em 1977 como significando "qualquer experiência perceptual consciente que ocorre durante... um acontecimento em que uma pessoa poderia morrer ou ser morta (e até estar tão perto disso para ser considerada ou declarada clinicamente morta), mas, assim mesmo, sobrevive e continua sua vida física".[4]

Mais de uma década depois, Moody redefiniu a *experiência de quase morte* como "acontecimentos espirituais profundos que ocorrem, de maneira espontânea, com alguns indivíduos no ponto da morte".[5]

A despeito da definição exata, a pergunta que ficou martelando em minha cabeça foi: Como é que pessoas que estão clinicamente mortas ou quase podem ter essas experiências lúcidas? Por exemplo, no livro de Moody *A Luz do Além*, o coração de uma mulher para na mesa de cirurgia enquanto a anestesia está sendo administrada, devido a uma reação alérgica. Em vez de não ter percepção alguma do que acontece ao seu redor, como a ideia de morte me levaria a presumir, ela disse ao dr. Moody que ficou "relaxada e em paz". Em seguida, uma série de acontecimentos lúcidos começou a se desenrolar. Aqui, em suas próprias palavras, está a EQM dela:

> Eu me vi flutuando na direção do teto. Pude ver todos em torno da mesa com toda a clareza, até o meu próprio corpo. Pensei em como era estranho que eles estivessem tão agitados por causa do meu corpo. Eu estava bem e queria que eles soubessem disso, mas parecia não haver meio de informá-los. Era como se houvesse um véu ou uma tela entre mim e os demais na sala.
> Eu me dei conta de uma abertura, se é que posso chamá-la assim. Parecia ser alongada e escura, e comecei a subir rápida e subitamente através dela. Fiquei intrigada mas eufórica. Saí desse túnel para uma dimensão de amor e luz suaves e brilhantes. O amor estava em toda parte. Ele me envolvia e parecia ser absorvido pelo meu próprio ser. A certa altura, me mostraram, ou eu vi, os acontecimentos da minha vida. Estavam numa espécie de um vasto panorama. Tudo isso é indescritível. Pessoas que eu conhecia e que haviam morrido estavam lá, na luz, comigo — uma amiga que morrera na faculdade, minha avó e uma tia-avó, entre outras. Estavam felizes, radiantes.
> Eu não queria voltar, mas um homem envolto por luz me disse que eu tinha de voltar. Fui informada de que não havia completado o que tinha de fazer na vida.
> Voltei para o meu corpo com um solavanco repentino.[6]

Essa é uma experiência que aconteceu com uma pessoa cujo coração havia parado! Como isso seria possível? Afinal, a *morte*, definida de maneira simples (de acordo com os dicionários), é "a parada permanente de todas as funções vitais, o fim da vida". Ainda assim, eu estava lendo dezenas de estudos de casos nos quais pessoas cujo coração havia parado, e que se achavam em um estado inconsciente, relatavam acontecimentos lúcidos que continham elementos que eram muito semelhantes uns aos outros.

UMA HISTÓRIA ESPANTOSA

Fiquei impressionado com o trabalho de Moody e de muitos outros pesquisadores precursores da EQM, mas ainda bastante surpreso com a falta de pesquisas mais amplas. Afinal, não é a mais procurada pela humanidade a resposta à pergunta: *Nós sobrevivemos à morte do corpo?* Comecei a me perguntar se eu mesmo deveria me envolver na pesquisa dessas jornadas fascinantes e aparentemente do outro mundo.

Aconteceu algo, então, que me ajudou a decidir.

Um amigo meu dos tempos de escola voltou a Iowa para uma visita e nos reunimos para jantar a fim de que eu conhecesse sua esposa. Não demorou e a mulher do meu amigo começou a falar sobre suas alergias, que eram variadas e graves — tão graves, na verdade, que em certa ocasião ela teve uma séria reação alérgica enquanto estava sob anestesia geral e "morreu" na mesa de cirurgia.

Enquanto ela falava sobre o coração ter parado, não havia medo em sua voz, apenas admiração. Decidi investigar um pouco.

— Isso é estranho — comentei. — Já ouvi meus pacientes falando sobre terem enfrentado a morte, mas não com esse tom de voz.

O silêncio reinou à mesa. Ficou claro que eu havia deparado com algo. Olhando ao redor, esforcei-me para fazer a pergunta que tinha em mente:

— Alguma coisa lhe aconteceu quando "morreu" naquela mesa?

A resposta imediata e enfática dela foi:
— Ora, sim!
E ali mesmo, naquele restaurante de iluminação difusa, em uma gelada noite de inverno, na cidade de Iowa, ouvi pela primeira vez uma experiência de quase morte.

A EQM de Sheila

Sempre sofri de alergias múltiplas.[7] Havia sido apenas um aborrecimento de uma vida inteira, até aquele dia fatídico, quando as alergias se tornaram uma ameaça bem maior à minha vida. Informei ao cirurgião e ao anestesista sobre todas as minhas alergias. Era uma cirurgia eletiva e não de emergência. Apesar de a equipe médica ter feito tudo que estava ao alcance, tive uma grave reação alérgica a um medicamento durante a operação. Essa reação alérgica foi tão severa que meu coração parou.

Logo em seguida que meu coração parou, me encontrei no nível do teto. Pude ver a máquina de ECG à qual estava conectada. A leitura do ECG estava plana. Os médicos e enfermeiros tentavam de todas as maneiras me trazer de volta à vida. A cena abaixo de mim era uma situação de quase pânico. Em contraste com o caos abaixo, senti uma profunda sensação de paz. Estava livre de dor. Minha consciência flutuou do centro cirúrgico e foi até uma sala de enfermeiras. Reconheci de imediato que essa era a sala no andar onde eu estivera antes da minha cirurgia. De meu ponto favorecido próximo ao teto, vi as enfermeiras em plena atividade, cumprindo suas tarefas diárias.

Depois que observei as enfermeiras por algum tempo, um túnel se abriu. Fui atraída para o túnel. Em seguida, atravessei o túnel e me dei conta de uma luz brilhante ao final dele. Senti paz. Depois que atravessei o túnel, me vi em uma área de luz bela e mística. Diante de mim havia vários dos meus parentes queridos que haviam falecido antes de mim. Foi uma reunião cheia de alegrias, e nos abraçamos.

Eu me descobri com um ser místico de amor e compaixão arrebatadores. "Você quer voltar?", me perguntaram. Eu respondi: "Não sei", o que foi típico da pessoa indecisa que eu era na época. Após mais uma conversa, soube que a escolha de retornar ao meu corpo físico era minha. Foi uma decisão bastante difícil. Eu estava num plano de amor arrebatador. Nesse plano, eu sabia que estava verdadeiramente em casa. Enfim, voltei ao meu corpo.

Acordei na UTI mais de um dia depois. Estava toda envolta por tubos e fios. Não consegui falar sobre a minha experiência profunda. Mais tarde, voltei ao andar do hospital onde tinha estado antes da cirurgia. Ali estava a sala das enfermeiras que visitara durante a minha EQM. Reuni coragem e decidi contar o que eu vira durante a minha EQM a uma das enfermeiras. A enfermeira reagiu com uma expressão de choque e medo. Era um hospital católico. Não foi de surpreender quando uma freira foi enviada para conversar comigo. Expliquei tudo pelo que eu havia passado. A freira ouviu com total atenção e, então, declarou que a minha experiência tinha sido "obra do diabo". Pode-se entender a minha enorme relutância em partilhar a minha EQM com alguém mais depois disso.

Quando Sheila terminou sua história, houve silêncio em torno da mesa durante algum tempo. Não me lembro de ter comido mais nada do meu jantar, embora deva ter comido. Lembro-me de ter ficado tão atônito com a história que permaneci em silêncio conforme a noite progrediu. O que eu acabara de ouvir era a história mais dramática que alguém já me contara. Cada instinto que eu tinha como ser humano e médico me disse que essa experiência era real. Naqueles momentos, a minha percepção do mundo mudou por completo. Lembro-me de ter pensado que essas experiências podiam mudar minha visão sobre a vida, a morte, Deus e o mundo em que vivemos.

Naquela noite, deixei o restaurante determinado a começar a minha própria pesquisa sobre experiências de quase morte.

Algum tempo depois, elaborei planos ambiciosos para reunir centenas de estudos de casos de experiências de quase morte e estudá-los cientificamente, a fim de determinar de maneira conclusiva para mim mesmo se as EQMs eram realidade ou apenas fantasmas do cérebro.

Meus estudos ainda não se realizariam por mais dez anos.

Capítulo 2

JORNADA RUMO AO ENTENDIMENTO

> Se você o construir, eles virão.
>
> — W. P. Kinsella, *Campo dos Sonhos*

O ano era 1998, e eu me encontrava em Las Vegas, no exercício da especialidade médica de rádio-oncologia. Os anos 1990 foram a década marcada pela explosão da internet. Todos logo se viram cativados por esse grande "cérebro no céu", e não foi diferente comigo.

Apesar da íngreme curva de aprendizado na construção de *websites* com *software* primitivo e conexões lentas, eu havia decidido, em 1997, criar o *Radiation Oncology Online Journal (Jornal On-Line de Rádio-oncologia)*, o ROOJ.com como um meio de partilhar informações confiáveis sobre essa especialidade médica com o mundo. Precisei empregar muito tempo e esforço fora da minha jornada normal no exercício da medicina para montar esse *site* sem fins lucrativos, o qual mantenho como um meio de prover informações sólidas para o público sobre o tratamento de câncer.

Quando completei o *site* ROOJ, eu já havia me tornado um especialista em códigos de computador para *sites*. A ideia, então, me ocorreu: criar um *site* para reunir estudos de casos de experiências de quase morte. Ao fazê-lo, eu poderia compilar um grande número de histórias de EQM do mundo inteiro. Trabalhar com um número elevado de EQMs é importante porque pesquisas médicas que envolvem um grupo grande de estudo produzem resultados mais confiáveis do que as que estudam um pequeno grupo de pessoas.

Comecei me baseando na curiosidade e no trabalho daqueles que estudaram tal fenômeno antes de mim. Ao longo dos dez anos que se seguiram desde que tinha ouvido Sheila contar sua história pessoal, eu me mantivera em contato próximo com pesquisa no campo dos estudos da quase morte. Centenas de artigos acadêmicos haviam sido escritos sobre a experiência de quase morte, incluindo publicações em muitos dos jornais médicos e científicos de maior prestígio do mundo. Li os trabalhos de muitos pesquisadores proeminentes de EQM, incluindo os dos drs. Moody, Melvin Morse, Bruce Greyson, Michael Sabom e Ken Ring. Também me vi fascinado por algumas das histórias individuais, como a de Betty Eadie (*Envolvido pela Luz*[1]). Todos esses livros se baseavam e muito em estudos de casos. Essas histórias individuais de pessoas que passaram por uma EQM alimentaram o senso de mistério que associei a esse assunto.

Agora, eu estava ainda mais interessado em buscar a verdade do que estivera dez anos antes. As implicações dessas experiências eram tão profundas que eu quis pesquisar o assunto para determinar se eram, de fato, verdadeiras.

A internet era um meio ideal de levar a cabo essa pesquisa. Por intermédio de um *site*, eu poderia ter contato com pessoas de todas as partes do mundo que estivessem dispostas a partilhar sua experiência de quase morte com outras. Elas não estariam sendo pagas para escrever sobre sua experiência e não tinham a menor intenção de aparecer na televisão. Simplesmente contariam suas histórias com suas próprias palavras. Eu disponibilizaria uma série de perguntas destinadas a ajudar as pessoas que passaram por uma EQM a expressar e explorar com profundidade a sua incrível experiência. Não haveria entrevistador presente para, quem sabe, induzir respostas ou encorajar floreios, nem limites de tempo. Ler essas histórias compartilhadas seria como ler as mais íntimas páginas de um diário. Compilando as EQMs da internet, eu poderia examinar o conteúdo de grande número de experiências, determinando de maneira confiável semelhanças e diferenças, e descobrir de uma vez por todas se as EQMs são reais ou imaginárias.

No passado, um considerável volume de pesquisas foi realizado, mas frequentemente com poucas EQMs. Não por culpa dos pesquisadores. Casos de EQMs para estudo não são fáceis de encontrar. Embora algumas pesquisas indiquem que 5% da população dos EUA já tiveram uma experiência de quase morte, muitas pessoas as mantêm em segredo, ou não veem razão para confiar sua experiência espiritual mais íntima aos seus médicos ou a pesquisadores.[2]

Uma lamentável razão para que as pessoas que passaram por uma EQM talvez não compartilhassem suas histórias é a atitude de muitos profissionais da medicina em relação a essas experiências. Ouvi várias histórias comoventes de pacientes que tiveram uma EQM e, então, relataram observações muito precisas de suas próprias ressuscitações, apenas para que os médicos ignorassem suas experiências, como se fossem insignificantes. Embora não haja explicação para o fato de pacientes que passaram por uma EQM terem percepção consciente de sua ressuscitação, seus relatos receberam pouca atenção de médicos que deveriam se maravilhar com as experiências de seus pacientes em vez de os ridicularizarem.

Passei muitos anos atuando na diretoria da Associação Internacional para Estudos de Quase Morte. Durante nossas reuniões, ouvi histórias demais sobre os problemas que pessoas que tiveram uma EQM encontraram quando tentaram contar suas experiências de quase morte à equipe médica. Uma das histórias clássicas foi a de um paciente que contou ao médico sobre sua EQM diante de várias enfermeiras. Quando o paciente terminou de contar a história, o médico ergueu os olhos da prancheta e disse:

— Não pense muito a esse respeito. Foi apenas uma fantasia.

Quando o médico deixou o quarto, as enfermeiras se reuniram em torno do paciente desolado e asseguraram:

— Não é fantasia. Nós ouvimos sobre esses acontecimentos o tempo todo de pacientes. Médicos como *ele* vivem em fantasias. Eles nunca escutam essas coisas porque não ouvem seus pacientes.

Esse foi um aspecto que tornou o fato de se receber estudos de casos pela internet superior a se entrevistar pessoas diretamente. Pessoas que têm essas experiências íntimas relutam, às vezes, em ser entrevistadas cara a cara e de maneira formal a respeito de sua EQM. Podem ter a sensação de que o entrevistador não está interessado de verdade em sua experiência, ou podem se sentir pouco à vontade para partilhar uma experiência tão extraordinária com outras pessoas.

Responder a uma pesquisa na internet, em contrapartida, oferece às pessoas que passaram por uma EQM uma chance de compartilhar esses extraordinários acontecimentos como se estivessem falando consigo mesmas. Em vez de se verem forçadas a superar qualquer desconforto que possam ter com um entrevistador, sentem-se à vontade contando sua história com privacidade, a seu próprio modo. E também podem levar quanto tempo desejarem. Muitas pessoas que tiveram uma EQM me enviaram seus agradecimentos depois que participaram da pesquisa. Acharam que a pesquisa as ajudou a transmitir sua experiência de maneira precisa e compreensível.

É por isso que achei (e ainda acho) que uma pesquisa pela internet é mais eficaz, de muitas maneiras, do que uma entrevista frente a frente.

É claro que tive preocupações enquanto criava o *site* de pesquisa de EQM. Por exemplo, como eu poderia ter certeza de que as histórias contadas eram válidas? Refleti muito sobre essa questão e decidi contar com a metodologia científica da experimentação e comprovação por meio da redundância. Redundância em uma entrevista consiste em se fazer a mesma pergunta (ou perguntas que giram em torno do mesmo conceito) várias vezes de maneiras um pouco diferentes. Por exemplo, numa das partes do questionário, há um campo para verificar se a pessoa teve uma experiência fora do corpo. Seria de esperar que, se esse campo fosse checado, a resposta para a pergunta "Você vivenciou uma separação da sua consciência do seu corpo?" devesse ser "Sim". Se encontramos inconsistências nas respostas de uma pessoa, podemos verificar a narrativa para ver o que o indivíduo que passou por uma EQM vivenciou de verdade. Posteriormente, depois que grande número de EQMs foi relatado, fiquei impressionado com a coerência das respostas às perguntas redundantes.

A pesquisa de EQM da internet chega até pessoas que passaram por uma EQM e que nunca contaram sua experiência de quase morte a ninguém e que, é muito provável, não seriam encontradas por nenhuma outra metodologia usada para se estudar EQMs. A pesquisa da NDERF pergunta: "Você contou essa experiência a outras pessoas?" A essa pergunta, 8,5% das pessoas que passaram por uma EQM responderam "Não".

É importante ressaltar que muitos estudos compararam a confiabilidade de pesquisas pela internet com as pesquisas mais tradicionais de papel e caneta estudando grupos de pessoas que participaram de pesquisas por meio de ambos os métodos. O consenso desses estudos é o de que uma pesquisa da internet é tão confiável quanto o método de pesquisa de papel e caneta. Isso valida ainda mais a confiabilidade da pesquisa da NDERF.[3]

Eu já sabia que precisava ouvir com atenção as experiências de quase morte e, portanto, pareceu sensato perguntar às próprias pessoas que passaram por uma EQM quão precisa achavam que a pesquisa da fundação NDERF era. Perto do final da pesquisa integrante do *site*, faço uma importante pergunta: "As perguntas feitas e as informações que você deu até agora descrevem a sua experiência de maneira precisa e compreensível? Dos 613 participantes, as respostas foram "Sim" em 84,5%; "Impreciso" em 8,8% e "Não" em apenas 6,7%. Essa é uma validação das mais fortes possíveis da confiabilidade da pesquisa na internet da fundação NDERF: a dos próprios indivíduos que tiveram uma EQM.

Por fim, minha formação como médico me ajuda a determinar se um quadro em que havia perigo de morte aconteceu de verdade. Utilizo a escala de Karnofsky, que é uma escala médica bastante utilizada para medir a proximidade da morte. A pontuação de Karnofsky varia de 100 (nenhum comprometimento físico) a 10 (moribundo) a 0 (clinicamente morto).[4] Também posso determinar se os acontecimentos médicos descritos nas EQMs são plausíveis em termos médicos.

Nos primeiros tempos do *site*, me preocupei com a possibilidade de haver farsantes ou passadores de trotes que alegassem ter passado por uma experiência de quase morte. Fico contente em dizer que isso é muito raro. Em primeiro lugar, não há nenhum incentivo — nem financeiro nem de outro tipo — para se passar uma quantidade significativa de tempo preenchendo o extenso e complexo formulário da pesquisa com o intuito de se alegar uma EQM falsa. Por vezes, aqueles que tentam apresentar uma EQM falsificada descobrem como é difícil responder a uma pesquisa detalhada se nunca passaram por essa experiência. Em mais de dez anos, desmascaramos menos de dez relatos fraudulentos registrados no formulário da pesquisa da NDERF e os removemos de imediato do *site* e do banco de dados.

Também me preocupo com a possibilidade de haver relatos reproduzidos, nos quais uma EQM seria copiada na íntegra ou em parte, ou plagiada de outra fonte. Isso aconteceu; porém, mais uma vez, em raras ocasiões. Quando algo assim acontece, leitores do *site* denunciam o relato copiado, e nós o removemos de lá. O imenso número de visitantes do *site* da NDERF ajuda a assegurar que nenhuma das EQMs postadas seja plágio.

Também tive outras preocupações. As experiências de quase morte são complexas e podem ser difíceis para alguns expressarem-nas em palavras. É por essa razão que muitos pesquisadores no passado as consideraram "inefáveis", ou que não se podem ser expressas em palavras. Não é incomum ouvir uma pessoa descrever sua experiência de quase morte como sendo, bem, *indescritível*. Tive a preocupação de que muitas pessoas poderiam achar impossível expressar o que aconteceu.

As EQMs são geralmente inefáveis?, perguntei a mim mesmo, enquanto elaborava o questionário para o *site* da NDERF.

Levando-se em conta todas essas preocupações, eu estava perdendo o meu tempo?

★ ★ ★

O *site* da fundação Near Death Experience Research Foundation (NDERF, www.nderf.org) foi lançado na rede mundial de computadores em 30 de agosto de 1998. Tive muitas dúvidas em relação ao êxito do *site* da NDERF. O questionário era extenso demais? As pessoas que passaram por uma EQM queriam partilhar de verdade sua experiência com o mundo? As pessoas confiariam num *site* como esse?

Não gastei dinheiro em publicidade para o *site*. Vários meses depois, ao monitorar o trânsito na Web, constatei que o *site* havia sido visitado por poucas pessoas. Nossa ferramenta de busca indicou como resultado uma contagem de módicos 64 visitantes.

Eu havia empenhado centenas de horas para nada? Um número suficiente de experiências seria compartilhado com a NDERF a fim de que as minhas perguntas sobre a realidade das EQMs fossem respondidas?

Apesar de desanimado, continuei trabalhando diligentemente no *site*. A essa altura, eu havia contado a vários amigos sobre ele e comentado a respeito da minha preocupação de que poucas pessoas o estavam visitando, quanto mais preenchendo o questionário. Quando eu dizia isso, alguns dos meus amigos sorriam e proferiam uma das mais populares falas de filme da história: "Se você o construir, eles virão". Essa é a fala clássica do filme *Campo dos Sonhos*, no qual um fazendeiro de Iowa constrói um campo de beisebol em sua fazenda na esperança de que vários jogadores de beisebol, falecidos há muito tempo, aparecessem lá para jogar.

Como se pode imaginar, "construa e eles virão" não é o credo da medicina baseada em provas. Gostamos de começar com um pouco mais de ciência do que isso. Por conseguinte, ainda estremeço um pouco sempre que ouço esse aforismo de Hollywood. Entretanto, continuei a desenvolver o *site* com a esperança de que, sim, eles viessem.

E, afinal, eles vieram. Em dezembro de 1998, fiz o *download* dos primeiros 22 estudos de casos do *site* com grande expectativa. Eu estava eufórico. Depois de todos os esforços que eu empregara no *site*, teria, agora, informações sobre EQMs diretamente da fonte — as pessoas que tiveram as experiências! Como cientista e tipo de homem que tem de "ver para crer", eu precisava desse exato tipo de informação para começar a estudar as EQMs cientificamente.

A leitura desses primeiros estudos de casos foi empolgante, me entusiasmaram como eu jamais poderia ter sonhado. Ficou claro para mim que, ao estudar grande número dessas EQMs em palavras vindas da boca das pessoas que as tinham vivenciado, eu poderia ter a esperança de prover algumas respostas para a pergunta mais intrigante da humanidade: O que acontece quando morremos?

Abaixo, estão parafraseados[6] dois dos primeiros 22 estudos de casos que tive a honra de receber no *site* da NDERF:

Experiência nº 16: "Eu me senti como uma mosca na parede"

Em 1963, um rapaz perdeu o controle do carro e sofreu uma terrível colisão. Os ferimentos foram sérios o bastante para fraturar seu rosto, os seios paranasais e o maxilar. Ferido com gravidade, ele sentou-se na grama molhada perto do veículo destruído e, então, mergulhou na inconsciência. Enquanto estiver lendo isto, note a calma com que ele descreve sua experiência, como também a presença de uma experiência fora do corpo bastante poderosa que pareceu lhe indicar que tudo ficaria bem na vida dele, apesar de seu acidente quase fatal. Eis sua história:

> Sofri um grave acidente de carro vários anos atrás. O volante esmagou o meu rosto. O acidente aconteceu durante uma chuva torrencial, e eu saí da estrada colide com uma árvore.
>
> Por algum tempo após o acidente não senti nada e, então, o meu rosto começou a arder de dor. Saí do carro e me deitei, esperando me sentir melhor, mas não foi o caso. Apenas apaguei. Quando acordei, não pude ver nada porque o meu rosto estava coberto, mas percebi que estava num hospital pelos sons e pelo fato de que me achava em algum tipo de cama.
>
> Não sei quanto tempo durou, mas tive a nítida sensação de que estava flutuando fora do meu corpo. Vi os meus pais, que estavam lá, ao lado da cama, e pude sentir a dor emocional deles. Foi estranho. Eu devia estar sentindo dor, mas não estava. Em vez disso, estava parado ao lado dos meus pais, tentando consolá-los enquanto olhavam para seu adorado filho, o qual haviam acabado de ser informados que morreria. Foi horrível, mas não houve nada que eu pudesse fazer a respeito. Parei ao lado da minha mãe e tentei atrair a atenção dela, mas não consegui porque ela não sabia que eu estava lá. Olhei para o meu próprio corpo, mas não me interessei pelo que estava vendo. Eu me senti como uma mosca na parede. Afinal compreendi algo quando me dei conta de que eles descobririam que eu não sentia dor, quer fosse aqui na terra, quer não. A essa altura, minha dor causada pela empatia se dissipou e eu me concentrei na minha experiência. Lembro de ter pensado "Então, isto é a morte", enquanto me elevava ainda mais acima do meu corpo.
>
> Uma luz surgiu e ficou mais ampla e brilhante conforme me aproximei. Soube que, então, era isso, o fim da minha vida, e não tive medo. Mas, conforme me aproximei mais, uma voz gritou para que eu parasse. E quero dizer, gritou. "Não, ainda não!", disse a voz.
>
> Quando isso aconteceu, me senti voltando bruscamente para o meu corpo. Soltei uma exclamação bem alto, mas soube que sobreviveria

depois disso. Quando dizem que ainda não é sua hora, ainda não é a sua hora.

Quando li pela primeira vez o relato desse homem sobre seu acidente de carro quase fatal, fiquei admirado com a calma com que ele descreveu a sensação de paz e a ausência de dor que o dominaram no hospital. Também fiquei intrigado com sua descrição da luz que formou o limite entre a vida e a morte, como também com a voz forte que o impediu de atravessar até a luz.

Esse homem voltou de sua experiência com a habilidade de "intuir os sentimentos das pessoas" (palavras dele), como também de entender a lógica emocional delas. *Intuir os sentimentos das pessoas* pode ser um tipo de experiência psíquica. Eu encontraria muito mais EQMs que descreviam experiências psíquicas no futuro.

Experiência nº 21: "Acorde, Diane"

Diane teve um problema incomum. Quando se acomodou no sofá à tarde para assistir à novela favorita, a jovem viu-se adormecendo e tendo grande dificuldade em acordar. O problema perturbou-a tanto que o mencionou ao marido, que não pôde encontrar solução alguma. Então, ela decidiu sentar no sofá para assistir ao programa em vez de se deitar. Aconteceu que o fato de ficar sentada só agravou o problema. Atrás dela, a cerca de 1,5 metro do sofá, havia um cano de gás com vazamento que soltou gás natural o bastante na sala para quase matá-la. Por ironia, ela teria morrido se não tivesse sido por uma visita de sua falecida avó durante sua EQM, o que a trouxe de volta. Aqui está uma paráfrase de sua história:

> Sentei no sofá e comecei a assistir a minha novela favorita, e a próxima coisa de que me dei conta foi de alguém gritando comigo para

acordar. Fiquei ouvindo essa voz me dizendo "acorde, Diane, você tem de acordar".

Quando Diane abriu os olhos, estava olhando para a avó, que morrera quando ela contava apenas 3 anos de idade. A avó sorriu e disse a Diane para se levantar e segui-la até onde era seguro. Quando se levantou para segui-la, Diane percebeu que saíra de seu corpo, que estava agora abaixo dela, no sofá. Não sentiu medo ao olhar para o próprio corpo. Também não teve medo ao se dar conta de que havia dois espíritos se elevando com ela, um de cada lado de seu corpo espiritual.

Enquanto estava fora do seu corpo, ela foi tomada por uma sensação de imensa paz e amor. Um dos espíritos lhe disse que ela poderia ficar em seu corpo espiritual ou retornar ao seu corpo físico abaixo. Foi uma decisão difícil para Diane, mas uma a levou a escolher o corpo físico porque ainda tinha coisas a fazer na terra. Ao fazer essa escolha, Diane respirou fundo e dolorosamente uma vez e, depois, outra, até que acordou e percebeu que quase fora asfixiada pelo vazamento de gás.

Desnecessário dizer, mas o vazamento de gás foi consertado logo depois da EQM de Diane. A experiência, entretanto, teve um efeito duradouro na vida dela. Aqui está uma paráfrase do que Diane escreveu:

> A experiência me ensinou que tudo já é conhecido. Na ocasião, não senti que fosse importante perguntar nada. Deus fez as coisas de modo que saberemos de tudo quando morrermos.

O QUE ENCONTRAMOS

Ao estudar milhares de relatos detalhados de pessoas que passaram por uma EQM, encontrei a evidência que levou a esta espantosa conclusão: *As EQMs fornecem evidências científicas tão poderosas que é razoável aceitar a existência de vida após a morte.*

Sim, você leu certo. Estudei milhares de experiências de quase morte. Considerei com atenção as evidências que as EQMs apresentam com relação à existência de vida após a morte. Acredito, sem sombra de dúvida, que existe vida após a morte física.

Minha pesquisa me convence de que as experiências de quase morte são a saída desta vida e a entrada para outra vida. Como uma pessoa que teve uma EQM declarou: "Vi cores vívidas do que acredito ser cristal, e a sensação arrebatadora de saber que *há* vida após a morte e que é boa [faz com que eu não tenha] nenhum medo da morte!"

Este livro apresenta os extraordinários resultados do maior estudo científico de EQM já reportado usando-se essa metodologia. No estudo da NDERF, examinamos o conteúdo de mais de 1.300 EQMs. Estudos científicos prévios examinaram apenas umas poucas centenas de estudos de casos na maioria. Analisamos com minúcia os 12 elementos da experiência de quase morte. Verificando com especial atenção os relatos dessas pessoas que passaram por uma EQM, encontramos algumas respostas para as mais antigas e profundas perguntas da humanidade sobre a vida após a morte.

No meu trabalho como rádio-oncologista, minha vida se desenvolve em torno da ciência. Não poderia ser de outro modo. Eu administro doses precisas de radiação para eliminar tumores cancerosos. Existem poucas outras formas de ciência médica que requerem tamanha precisão. Adoro o que faço e tenho levado esse amor pela ciência para outras partes da minha vida. Os dados e conclusões que você lê aqui estão baseados nos princípios científicos que sigo.

Eu seria omisso se não dissesse que as minhas conclusões científicas afetaram muito o meu nível de compaixão. Às vezes, pacientes com câncer apreensivos, que conhecem a minha pesquisa de EQM, me perguntam o que acontecerá quando morrerem. Se me perguntam, apresento-lhes as evidências da vida após a morte que acumulei ao longo de uma década de pesquisa dedicada. Acredito que o que partilho com esses pacientes de câncer os ajuda a enfrentar melhor a doença que lhes ameaça a vida com aumento de coragem e de esperança.

Revendo as descobertas do estudo da NDERF, divisei nove linhas de raciocínio que — a meu ver — provam a existência da vida após a morte. Abaixo, estão essas linhas de evidências, cada uma com um breve comentário. Nos capítulos restantes deste livro, examinarei a fundo cada uma das linhas de evidências para que você possa ver por que cheguei a esta conclusão: é razoável aceitar a existência de vida após a morte.

EVIDÊNCIA DA VIDA APÓS A MORTE

1. É medicamente inexplicável ter uma experiência organizada e lúcida enquanto se está inconsciente ou clinicamente morto. Em nossa pesquisa da NDERF, *quase morte* define-se pelo estado em que o indivíduo se encontra fisicamente comprometido a ponto de que a morte seria esperada em caso de não haver melhora do quadro. Os que apresentam quase morte em geral estão inconscientes e podem estar clinicamente mortos, com ausência de respiração e de batimentos cardíacos.

Para entender como é extraordinário ter uma experiência consciente na ocasião da morte clínica, é útil entender que, quando o coração para de bater, o sangue para em seguida de fluir até o cérebro. Entre dez e 20 segundos depois que o sangue para de fluir até o cérebro, a atividade cerebral necessária para a consciência cessa. A atividade cerebral pode ser medida por eletrencefalograma (EEG), que registra a atividade elétrica do cérebro. Quando a atividade cerebral para, os registros do EEG ficam planos, indicando que não há atividade elétrica cerebral mensurável.

Em termos médicos, não posso imaginar nenhuma experiência significativa que pudesse ocorrer perto da morte. Em geral as pessoas quase mortas não estão inconscientes? O próprio termo *inconsciente* não significa que não existe possibilidade de uma experiência consciente organizada? Ainda assim, apesar do que deveria ser uma lousa em branco para os que passam por EQMs, eles as descrevem como experiências lúcidas, organizadas e reais. Na verdade, as pessoas que têm EQMs dizem, em geral, que estão vivenciando um estado mais acentuado de consciência do que na vida cotidiana terrena. Isto é medicamente inexplicável, considerando-se que as EQMs, em geral, ocorrem durante a inconsciência.

2. As pessoas que passam por uma EQM podem ver e ouvir no estado de fora do corpo (EFC), e o que percebem é quase sempre real. Uma experiência fora do corpo (EFC) é o primeiro elemento da experiência para muitos dos que têm uma EQM. Durante a EFC, muitas pessoas que têm uma EQM descrevem acontecimentos que não deveriam ser capazes de ver, porque estão inconscientes, ou porque os acontecimentos estão se passando em outro lugar, longe do corpo delas. Com certa frequência esses acontecimentos abrangem a observação de seu próprio corpo inconsciente, como também dos esforços frenéticos de ressuscitação para reanimá-las. Comprovou-se que essas observações foram reais em centenas de relatos.

3. As EQMs ocorrem durante a anestesia geral, quando nenhuma forma de consciência deveria estar acontecendo. Quando uma pessoa está sob anestesia geral, deveria ser impossível ter uma experiência lúcida, quanto mais uma de um estado de consciência ainda mais apurado do que o da vida cotidiana. A pesquisa da NDERF revelou dezenas de EQMs que aconteceram durante a anestesia geral. Abaixo encontra-se um de tais incidentes, que aconteceu com Débora. Aos 13 anos de idade, ela foi internada para uma cirurgia simples, mas a anestesia fez seu coração parar. Enquanto o médico lutava para mantê-la viva, Débora se viu de repente fora do corpo:

> Meu coração parou devido à anestesia durante a cirurgia... Flutuei até o teto e pude ver o meu corpo deitado na mesa. Os médicos estavam sobressaltados e dizendo que estavam me perdendo. Não tive medo; eu estava com duas pessoas muito bondosas que, na ocasião, acreditei serem anjos. Elas me disseram para não me preocupar; cuidariam de mim. Ouvi um som ventoso e estava sendo impelida através de um túnel escuro em direção a uma luz... Uma mulher estendeu a mão para mim; era adorável, e eu senti que ela me amava e sabia quem eu era. Eu me senti segura em sua companhia. Eu não sabia quem era ela... Um dia, alguns anos depois da cirurgia, minha mãe me mostrou uma foto da minha avó paterna, que havia morrido ao dar à luz o meu pai. Era a mulher adorável que segurou a minha mão do outro lado do túnel. Eu nunca tinha visto uma foto dela antes.

4. EQMs acontecem entre aqueles que são cegos, e essas EQMs, frequentemente, incluem experiências visuais. Indivíduos que são cegos de nascença são incapazes de perceber o mundo visual que o restante de nós percebe na vida cotidiana. Para esses cegos de nascença, a habilidade de enxergar é um conceito abstrato. Eles entendem o mundo apenas com base em seus sentidos de audição, tato, paladar e olfato. Os seus sonhos não contêm visualização, embora possam ter outros sentidos, como a audição e o tato. A visão não pode ser explicada a um cego de nascença fazendo-se analogias com os quatro sentidos restantes que possuem. Ainda assim, quando um cego tem uma EQM, em geral a experiência engloba a visão.

5. *Uma recapitulação de vida durante a EQM reflete acontecimentos reais na vida da pessoa que tem a EQM, mesmo que esses acontecimentos tenham sido esquecidos.* Uma recapitulação de vida abrange um retrospecto de acontecimentos anteriores na vida da pessoa que tem a EQM. Fragmentos da vida terrena da pessoa podem ser vistos, ou a recapitulação pode ser panorâmica, com um retrospecto abrangente da maior parte da vida dela. Aqui está um desses exemplos, de uma jovem da Índia que quase morreu de uma complicação de anestesia:

> Minha consciência inteira parecia estar na minha cabeça. Então, comecei a ver imagens. Acho que eram coloridas. Foi como se alguém começasse a passar um filme de mim mesma e da minha vida toda, mas retrocedendo a partir do momento presente. As imagens eram sobre a minha família, minha mãe, outros familiares, outras pessoas, e pareceu que os mais significativos, amorosos e ternos relacionamentos estavam sendo focados. Pude sentir o verdadeiro significado desses relacionamentos. Senti amor e gratidão em relação às pessoas que apareceram na minha recapitulação. Essa recapitulação panorâmica da minha vida foi bastante nítida; até alguns detalhes dos fatos, relacionamentos, estavam lá — os relacionamentos em alguma espécie de essência destilada de significado. A recapitulação foi ritmada no começo, mas, então, as imagens surgiram cada vez mais depressa, e pareceu como se um rolo de filme estivesse desgovernado... Aquilo foi ficando cada vez mais rápido e, então, ouvi a mim mesma, junto com o universo inteiro na minha cabeça, gritando num crescendo: "Allah ho akbar!" (Deus é grande).

6. Virtualmente, todos os seres encontrados durante EQMs já estão mortos na ocasião da EQM, e, na maioria, são parentes falecidos. Quando aqueles que passam por uma EQM encontram pessoas que conheciam de sua vida terrena, essas pessoas estão quase sempre mortas na ocasião da EQM. Em contrapartida, em sonhos ou alucinações, há maior probabilidade de que os seres encontrados estejam vivos. É outra característica de distinção entre as EQMs e sonhos ou alucinações, o que é mais um reforço à realidade das EQMs.

Muitas vezes, as pessoas que têm uma EQM encontram um ser que parece familiar, mas sua identidade é desconhecida. Aquele que tem a experiência poderá, mais tarde, descobrir a identidade desse ser familiar mas desconhecido, olhando, por exemplo, fotografias antigas de família.

7. A impressionante semelhança de conteúdo entre as EQMs de crianças bem pequenas e as dos adultos sugere que o conteúdo das EQMs não se deve a crenças preexistentes. Crianças — até as menores de 6 anos — têm virtualmente os mesmos elementos em suas experiências de quase morte que os adultos. Essa é uma poderosa prova em si mesma de que as experiências de quase morte são reais, não sonhos ou invenções. Por quê? Porque crianças bem pequenas com certeza nunca ouviram falar de experiências de quase morte, como os adultos em geral já ouviram. É provável que elas não saibam nada sobre recapitulações de vida, experiências em túneis, experiências fora do corpo ou quaisquer outros elementos da EQM. Elas se dão conta dessas coisas, pela primeira vez, quando a experiência acontece.

O fato de que crianças têm virtualmente os mesmos elementos de experiências de quase morte que adultos torna isso uma das mais convincentes linhas de evidências de que as EQMs são acontecimentos reais e não se devem a crenças preexistentes, influências culturais ou experiências anteriores de vida.

8. A notável conformidade entre as EQMs ao redor do mundo é prova de que as EQMs são acontecimentos reais. Existe uma analogia simples que gosto de usar que ilustra esse ponto: se famílias dos Estados Unidos, Espanha e México forem a Paris, elas verão a mesma Torre Eiffel? É evidente que a resposta é sim. A única diferença pode estar na maneira como diferentes culturas descrevem esse monumento. O mesmo é verdadeiro sobre pessoas de diferentes culturas que têm experiências de quase morte. Nossa coleção de EQMs de culturas do mundo inteiro mostra impressionante semelhança de conteúdo entre todas elas.

9. Pessoas que passam por uma EQM são transformadas de muitas maneiras por sua experiência, talvez para a vida toda. O estudo da NDERF encontrou mudanças consistentes e duradouras após as EQMs. Pessoas que passam por experiências de quase morte têm diminuição do medo da morte, o que parece andar de mãos dadas com o aumento da crença na vida após a morte. Além disso, essas pessoas que têm EQMs se tornam mais amorosas e dotadas de maior compaixão em sua interação com as demais. Nosso estudo descobriu que pessoas que passaram por uma experiência de quase morte podem procurar ocupações relacionadas a ajuda ou cura após seu breve encontro com a morte. Também, muitas pessoas que tiveram EQMs do estudo mudaram tanto com sua experiência que não foram mais as mesmas; ficaram melhores!

O estudo da NDERF também descobriu que 45% dos participantes afirmaram ter "dons mediúnicos, paranormais ou outros dons especiais" que não tinham antes de sua experiência. Eles prosseguiram, provendo muitas de tais experiências na parte narrativa da pesquisa. Uma dessas histórias de dons sobrenaturais veio de Thomas, que quase morreu de uma irregularidade no ritmo cardíaco. O que teve a dizer sobre seus dons extraordinários foi sucinto e direto ao ponto:

> Senti necessidade de meditar. Ao fazer isso, pude ouvir vozes e ver coisas. (Alguns podem dizer que são espíritos ou seres sobrenaturais.) Tenho a habilidade de ver auras; percebo a dor de outras pessoas e sou capaz de curar com o toque. Durante algum tempo, tive alguns breves episódios de telecinesia.

Uma das transformações mais intrigantes — para mim — foi a das curas inesperadas que alguns relataram. Encontramos muitos desses casos no estudo da NDERF, incluindo alguns em que pessoas com doenças graves, tanto físicas quanto mentais, acreditam ter sido curadas por volta da época de suas EQMs.

As qualidades transformadoras da EQM me dão razão para crer que, o que quer que uma pessoa vivencie do outro lado, um pouquinho disso possa vir com ela, trazendo mudança para cá também.

PROVA CONTUNDENTE

Quaisquer dessas linhas de evidências por si só sugerem que há vida após a morte. Entretanto, considero a combinação dessas nove linhas de evidências como prova contundente da existência da vida após a morte. É uma declaração corajosa, mas sinto-me compelido a fazê-la após anos de paciente e minuciosa pesquisa.

Uma importante pergunta da pesquisa da fundação NDERF indaga a 613 pessoas que passaram por uma EQM o que acharam da realidade de sua experiência — como encararam a realidade de sua experiência logo após sua ocorrência e também na época em que completaram o questionário da pesquisa. Em resposta, 95,8% acreditaram que, na época em que participaram da pesquisa, sua EQM era real. Nenhum participante disse que a experiência de quase morte que teve era "decididamente irreal".

E há o conteúdo espiritual da EQM, respostas a se descobrir para perguntas tão antigas como: Por que estamos aqui na terra? O que é importante em relação à nossa existência terrena? Existe vida após a morte? Agora que revisei milhares de estudos de casos de EQM, posso afirmar que o conteúdo das EQMs tem coerência substancial nessas respostas. Eu enfatizaria que essa coerência nos diz que algo real está acontecendo nessas EQMs. Essa notável coerência de mensagens espirituais sugere algo muito importante, não apenas para a pessoa à beira da morte mas para todos nós.

A verdadeira força do estudo da NDERF tem sido o grande número de estudos de casos que examinamos e a coerência dos resultados. Nesse volume e na coerência de seu conteúdo e mensagem, acredito que temos algumas respostas para a pergunta mais intrigante da humanidade: O que acontece quando morremos?

Mas essa é a minha crença. Os resultados de nossa pesquisa inovadora estão apresentados nos próximos capítulos. Seja você o juiz.

Capítulo 3

PROVA Nº 1: MORTE LÚCIDA

> Pois a morte começa com o primeiro fôlego de vida,
> e a vida começa ao toque da morte.
>
> — **John Oxenham**

Falando tanto em termos médicos quanto lógicos, não é possível ter uma experiência lúcida enquanto se está inconsciente ou clinicamente morto.

Afinal, estar clinicamente morto significa não ter mais as percepções ou sentidos de uma pessoa viva. Se essa declaração é, de fato, verdadeira, como se explicam acontecimentos como as três EQMs a seguir? Em cada um desses casos — parada cardíaca, hemorragia cerebral e um tiro na cabeça —, a pessoa teve uma experiência bastante lúcida, o que desafia o fato de que ela estava inconsciente e beirando a morte.

A primeira história é a de um médico que se esforçou ao máximo para ressuscitar uma paciente idosa. Como se pode ver em seu relato abaixo, a paciente acompanhou o trabalho do médico de uma posição de boa visibilidade:

Após 28 choques (creio), eu a trouxe de volta. Tecnicamente, ela ficou sem ritmo cardíaco próprio durante uma hora e meia... Naquela noite, fui até a UTI e perguntei à paciente idosa se ela "se lembrava de algo".

"Sim", respondeu ela. "Eu estava no canto da sala — flutuando — e vi você trabalhando em mim. Você me deu choques, e eu estava morta. Vi uma imensa luz branca e brilhante, e havia dois anjos lá... me dizendo que não era a minha hora e para eu voltar. Mas eu não queria".

O paciente a seguir teve uma hemorragia cerebral que o derrubou no chão. Ele disse que podia ver "360 graus" em torno de seu corpo. Não demorou e teve uma profunda sensação de estar morto, o que não foi algo ruim, segundo seu relato:

Quando me dei conta de que estava morto, o que levou vários minutos, um grande calor de amor me envolveu, e senti braços à minha volta, embora eu não tivesse forma física; as cores eram elétricas, os cheiros, fantásticos... Também fiquei ciente do arrebatador segredo da vida em sua verdadeira forma simples e senti e acreditei que nada mais é real além do sentimento. A experiência de morte foi a experiência mais real e física da minha vida, e o mundo aqui pareceu frio, pesado e irreal por algum tempo depois disso.

Esse paciente ficou em coma por três dias, período no qual foi visitado por amigos e familiares. Ainda assim, insistiu que esteve fora do corpo o tempo inteiro e pôde ouvir e ver o que as pessoas em seu quarto faziam. Num dos casos, provou isso. Uma mulher levara uma vela de lavanda para o hospital e a colocara na gaveta perto de sua cama. Quando saiu do coma, ele soube em que gaveta a vela estava.

Não querendo ir muito além do tema aqui, mas o homem também teve sonhos premonitórios de natureza pessoal e mundial. Não apenas "viu" um relacionamento no seu futuro como também acontecimentos no futuro de seu filho, e também "viu" uma crise econômica mundial e uma explosão nuclear na Coreia do Norte.

Outro exemplo de morte lúcida vem de Michelle, que levou um tiro do namorado nas proximidades de Boston. Ela estava em meio ao rompimento com o namorado e se achava no apartamento de subsolo dele quando ouviu um estrondo alto e sentiu uma dor quente, penetrante, atrás da cabeça. Enquanto a boca dela se enchia de sangue, o namorado agarrou Michelle e disse:

— O que foi que eu fiz?

Ela deixou seu corpo, e de um lugar no canto do quarto observou enquanto bombeiros e policiais andavam em torno de seu corpo, tentando decidir o que fazer. O irmão do namorado começou a chorar e, em determinado momento, vomitou em cima de um policial, o que foi uma cena que a fez rir. Foi, então, que teve esta revelação sobre a morte:

> Eu me senti tão feliz e plena... repleta do maior amor que já tivera. Pensei comigo mesma: "Se isto é morrer, então não é tão ruim quanto todo mundo pensa". Então, vi uma luz acima de mim. Ela estava me afastando do quarto. Concluí que estava tudo bem em apenas deixar isso acontecer, seguir o curso e aceitar o que quer que fosse. A luz se tornava mais brilhante, envolvendo o meu corpo... Corpo? Eu não tinha corpo. Ele ficou no chão daquele quarto úmido. Percebi que eu estava morta fisicamente, mas mentalmente ainda estava viva. A minha alma era agora o meu "corpo". Olhei para a luz no alto. Pude ver alguém fazendo um gesto para que eu me aproximasse. Ele estava lá, no final de um túnel iluminado. Então, ouvi uma voz. Era a voz de um homem. Ele me perguntou se eu estava pronta. Eu me senti tão bem. Era tão fácil.

Milhões de EQMs como essas acontecem a cada ano no mundo com pessoas que estão inconscientes e podem estar clinicamente mortas, com ausência de respiração e de batimentos cardíacos. Mesmo assim, ainda têm experiências lúcidas na hora da morte, experiências que são claras, lógicas e bem-estruturadas.

Ainda mais notável é uma pesquisa da NDERF que revelou que a consciência e a atenção são geralmente *maiores* durante a EQM do que durante a consciência e a atenção habituais!

A pesquisa da NDERF perguntou: "Como o seu mais elevado nível de consciência e vigilância durante a experiência se compara à sua consciência e vigilância normais, cotidianas?" Das 613 pessoas que passaram por uma EQM pesquisadas, 74,4% indicaram que estiveram "mais conscientes e vigilantes do que o normal"; 19,9% tiveram "Consciência e vigilância normais" e apenas 5,7% tiveram "Menores consciência e vigilância do que o normal".

O conceito de um nível mais elevado de consciência e vigilância é subjetivo e, portanto, a pesquisa da NDERF pede às pessoas que tiveram uma EQM que expliquem essa sensação com suas próprias palavras. Foi pedido aos participantes: "Se o seu mais elevado nível de consciência e vigilância durante a experiência foi diferente de sua consciência e vigilância normais, cotidianas, por favor explique". Centenas de participantes preencheram esse item, e aqui estão algumas explanações representativas.

Uma mulher que foi atingida por um carro escreveu:

> Foi apenas diferente no sentido de que era outro espaço e outra percepção de ser... Acredito que havia uma percepção em toda a volta que não requeria pensamento na maneira como nossas mentes — cérebros, mais propriamente — estão programadas e preparadas para registrá-los. Isto vai além da velocidade da luz, se me permite.

Uma mulher cujo pulso e respiração cessaram vivenciou o seguinte:

Durante o incidente inteiro, eu me senti como se nunca tivesse estado mais vigilante. Minha mente estava rápida, embora fisicamente eu estivesse inconsciente.

DIFERENTEMENTE DOS SONHOS OU DA MORTE

Respostas como essas sugerem que a consciência continua após a morte. Para se entender como é extraordinário ter uma experiência consciente na ocasião da morte clínica, é útil saber o que acontece no momento da morte. Muitas EQMs estão associadas a uma parada cardíaca, o que, como o nome já diz, significa que o coração para de bater.[1] Entre os que têm uma parada cardíaca, cerca de 10% a 20% terão uma experiência de quase morte.[2] No momento de um acontecimento que põe a vida em risco, não se pode prever quem terá uma experiência de quase morte e quem não terá.

Como comentado no Capítulo 2, quando o coração para de bater, o sangue para em seguida de fluir para o cérebro. Entre dez e 20 segundos depois que o sangue para de fluir para o cérebro, o eletrencefalograma (EEG), que mede a atividade elétrica do cérebro, fica plano. O EEG mede a atividade elétrica no córtex, nossa parte externa do cérebro, que é responsável pelo pensamento consciente. Em seguida a uma parada cardíaca, uma experiência lúcida, organizada e consciente tem de ser impossível.

Com um EEG plano, ainda é possível que atividade elétrica esteja presente nas partes mais baixas do cérebro, como o tronco cerebral. Não há chance de que atividade elétrica nessas partes mais baixas do cérebro possam ser responsáveis por tais experiências lúcidas e ordenadas como as descritas pelas pessoas que passam por uma EQM.

A lucidez combinada com a ordem previsível dos elementos estabelece que as EQMs não são sonhos nem alucinações, tampouco se devem a quaisquer outras causas de mau funcionamento do cérebro.

A primeira versão da pesquisa da NDERF perguntava: "A experiência pareceu um sonho de alguma maneira?" e permitia apenas uma resposta narrativa. A resposta a essa pergunta era no geral um veemente *não!* Isso indica que as pessoas que passaram por EQMs não estavam tendo sonhos. Essa descoberta é significativa, considerando que a forma de construção da pergunta estimulava uma resposta positiva caso *alguma* parte da EQM tivesse se parecido com um sonho.

A lucidez da experiência de quase morte se torna evidente quando olhamos para descrições da visão durante as EQMs. Nas muitas centenas de estudos de casos de EQM que revisei, descrições da visão são quase sempre tão dramáticas que tenho de lembrar a mim mesmo que os que têm EQMs encontram-se inconscientes e, com frequência, clinicamente mortos na ocasião em que estão tendo visão extraordinária. As cores costumam ser descritas como sobrenaturais em sua variedade e beleza. Mais uma vez, estou mostrando vários exemplos ao acaso dos estudos de casos da NDERF para ilustrar a lucidez da visão nas EQMs.

Um homem que teve três grandes experiências de quase morte escreveu:

> As cores do outro lado são as mais vibrantes; nossas cores mais reluzentes nesta terra são apagadas [em comparação] ao esplendor e vivacidade das cores que há no paraíso.

Uma mulher que teve um ataque cardíaco e um derrame relatou:

> Quis ver cor outra vez e, quando vi, foi fantástico! Vi cores que jamais poderia explicar. Um tom de vermelho de que jamais esquecerei.

Uma mulher que ficou sem sinais vitais após um acidente de motocicleta disse:

> Fui levada a um lindo campo com a mais bela vida de plantas e cores vibrantes como eu nunca vira em lugar algum; foi incrível!

Um dos principais pesquisadores de EQMs, o dr. Greyson, tem visto a mesma lucidez e o mesmo nível mais elevado de consciência nas EQMs que estuda que vejo no estudo da NDERF. O dr. Greyson e seus colegas pesquisadores dizem:

> As pessoas que têm experiências de quase morte costumam descrever seus processos mentais durante as EQMs como claros e lúcidos e suas experiências sensoriais dotadas de uma nitidez incomum, superando aquelas de seu estado normal de consciência. Uma análise de 520 casos em nossa compilação mostrou que 80% das pessoas que têm uma EQM descreveram seu pensamento durante a EQM como "mais claro do que o habitual" ou "tão claro quanto o habitual". Além disso, em nossa compilação, as pessoas relataram funcionamento mental mais aprimorado com mais frequência quando estavam psicologicamente perto da morte do que quando não estavam.[3]

PARA ALÉM DOS SENTIDOS NORMAIS

A visão durante as EQMs é diferente de nossa visão terrena. Uma das perguntas da pesquisa da NDERF foi: "A sua visão diferiu, de algum modo, de sua visão normal, habitual (em qualquer aspecto, como clareza, campo de visão, cores, luminosidade, grau de percepção de profundidade dos objetos (sólido/transparente)?" Dos 613 participantes, 66,1% responderam "Sim"; 15% responderam "Impreciso" e apenas 18,9% responderam "Não". Centenas dessas pessoas que tiveram uma EQM forneceram, em seguida, uma explicação narrativa de como a visão durante as EQMs diferiu da visão terrena. Revisões dessas narrativas revelam que muitos dos participantes descrevem sua visão como não terrena em seu brilho, clareza e nitidez. Bem poucos descreveram sua visão na EQM como tendo diminuído em comparação à sua visão terrena.

Muitas pessoas que passaram por uma EQM indicam que tiveram uma visão de 360 graus durante sua experiência, às vezes até mais do que isso. O termo *360 graus* se refere a duas dimensões apenas, ao passo que os que têm uma EQM relatam, com frequência, uma percepção visual esférica, tridimensional simultaneamente em todas as direções — para a frente, para trás, para a esquerda, para a direita, acima e abaixo.

Por exemplo, um menino que chamaremos de Ray estava brincando de cavalinho no pátio de recreio de uma escola. Seu amigo quis lhe mostrar um novo golpe de judô. Ray foi arremessado e perdeu os sentidos quando caiu e bateu a cabeça. Ele pôde ver simultaneamente em todas as direções. Como ele relata o evento:

> Eu ainda tinha um "corpo", mas era muito diferente. Eu podia ver em três dimensões, como se não tivesse corpo, mas fosse apenas um globo ocular flutuante, por falta de uma explicação melhor. Pude ver em todas as direções de uma só vez, mas, ainda assim, não havia direções ou dimensões como a gente pensa nelas.

Pessoas que tiveram experiências de quase morte costumam descrever visão aperfeiçoada e até supernormal. Isso é um indício poderoso de que algo além do cérebro físico é responsável pela visão durante as EQMs.

O sentido da audição durante uma experiência de quase morte pode ser diferente da audição cotidiana, mas num grau menor do que o notado na visão. A pesquisa da NDERF perguntou aos participantes: "A sua audição diferiu, de algum modo, de sua audição normal, cotidiana (em qualquer aspecto, como clareza, capacidade de reconhecer a origem do som, altura e intensidade do som etc.)?" A essa pergunta, 46% dos participantes responderam "Sim"; 22,2% responderam "Impreciso" e 31,8% responderam "Não". Muitos acrescentaram descrições do que queriam dizer.

Uma dessas descrições partiu de Mark, um homem jovem em quem se descobriu uma obstrução numa artéria do coração. O cardiologista tentou inserir uma prótese metálica chamada *stent* na artéria, mas surgiu uma complicação, o que exigiu uma cirurgia de emergência. Enquanto se recobrava da cirurgia, o coração enfraquecido de Mark parou.

Enquanto os médicos se esforçavam para trazê-lo de volta, Mark fez uma jornada pela "mais bela estrada que já vi", uma que o levou através de um paraíso na montanha. Enquanto caminhava por esse lugar divino, Mark começou a ouvir uma voz que parecia vir "do nada, mas, ainda assim, de toda parte".

> — Mark! Você tem de voltar!
> — Voltar? Não! Não! Não posso voltar!
> Mais uma vez, a voz disse:
> — Você tem de retornar; dei a você [uma] tarefa; você não a terminou.
> — Não, não, por favor, Deus, não! Me deixe ficar.
> Com a velocidade da luz, eu estava nu, movendo-me para trás através da mais negra escuridão. Havia relâmpagos em toda a minha volta, dos meus pés ao alto da cabeça. Relâmpagos imensos! Indo em todas

as direções até a escuridão. Apesar do brilho dos relâmpagos, a luz proveniente deles não penetrava a terrível escuridão.

Mark se recuperou. Mais tarde, quando descreveu essa experiência para o *site* da NDERF, Mark indicou que, de todos os acontecimentos sensoriais daquele dia, o que se destacou foi a clareza única do som. Conforme Mark disse:

> Todo o som era muito claro. A voz do Ser Supremo pareceu emanar do nada, mas, ao mesmo tempo, de toda parte. As palavras não saíam da boca de seres, mas da aura em torno deles.

Aqui estão algumas outras descrições de pessoas que tiveram EQMs que enfatizam a qualidade do som durante suas EQMs:

> [Ouvi] som, e não era como o som que escutamos em nossos ouvidos. Não parecia estar vindo de lugar algum; apenas estava lá. Não pareceu estar lá por causa de vibração, ou do vento, ou de qualquer coisa. Não consigo descrevê-lo.
> Mais claro e mais nítido, como se estivesse numa câmara de silêncio ouvindo sussurros.
> Superclaro. Tenho uma ligeira dificuldade de audição. Durante essa ocasião, pude ouvir tudo. Superaudição seria um termo melhor.

SONS DE SILÊNCIO

Antes que você presuma que a EQM sempre proporciona uma dádiva estereofônica, considere isto: o estudo da NDERF descobriu que a ausência de som durante uma experiência de quase morte é mais comum do que pesquisas anteriores revelaram. Em nosso estudo, muitas pessoas que passaram por uma EQM vivenciaram perceptível silêncio durante a experiência. E esse silêncio parece ser reconfortante para a maioria que o vivenciou. Um participante eloquente afirmou:

> Deixei o meu corpo, fui para o maravilhoso mundo do silêncio, silêncio puro e amoroso, atrativo.

Outra pessoa que respondeu à pesquisa, Joseph, descreveu uma experiência que aconteceu durante um ataque de asma tão grave que seus medicamentos não exerceram efeito e ele começou a ter dificuldade para respirar. Conforme Joseph contou:

> Pude sentir que eu estava tendo dificuldade para respirar, mas foi outra sensação que me preocupou mais. Havia uma sensação arrebatadora de energia percorrendo o meu corpo inteiro. Tentei lutar contra isso com força de vontade, mas ela continuou vindo mais e mais forte e, afinal, não pude mais contê-la. Lembro de ter pensado comigo mesmo: "Simplesmente não consigo mais fazer isso".
> Então, tão logo tive esse pensamento, clique! Uma quietude dominou a mim e aos meus pensamentos [e] não tive mais medo. Tudo estava quieto, e me dei conta de que eu ainda estava lá — e de pé (o que era impossível devido ao fato de que eu [havia] acabado de cair para trás poucos minutos antes) —, e então percebi que eu tinha acabado de morrer. Uau!

Essa penetrante ausência de som parece ter tido um efeito profundo. Joseph escreveu:

> Não havia nenhum som. Foi o silêncio mais repleto de paz que já vivenciei. Foi mais ou menos como estar submerso na água, com ninguém ao redor para produzir um som. Um silêncio denso, denso.

A experiência não foi desconfortável para Joseph; em vez disso, foi como estar num "estado de meditação". Esse silêncio intenso, que Joseph associa a uma sensação de paz, acompanhou-o até sua vida. Agora, diz Joseph, é muito mais calmo e tranquilo do que antes de sua experiência:

> As coisas que me irritavam no passado não têm mais o mesmo efeito. Se entro na minha memória, pareço ter a habilidade de sentir tudo de novo por vontade própria.

Todos os cinco sentidos humanos, visão, audição, tato, paladar e olfato, foram descritos em EQMs. Sentidos aguçados, visão e audição aprimoradas e consciência acelerada são alguns dos aspectos mais marcantes das EQMs. É óbvio, essa melhora nos sentidos não está em conformidade com o significado clínico de *inconsciente* ou *clinicamente morto*. É inexplicável, em termos médicos, que alguém tenha uma sensação de consciência acentuada enquanto está à beira da morte. Essas experiências não são sonhos ou fragmentos ilusórios de memória de um cérebro que está morrendo. As experiências de quase morte são reais. Não existem outras experiências de consciência alterada nas quais as experiências sejam tão lúcidas, a consciência esteja tão alerta e as experiências sejam ordenadas de maneira tão coerente como nas EQMs. O estudo da NDERF e virtualmente todos os estudos publicados nesse campo mostram esse padrão constante de sentidos e consciência aprimorados, o que leva alguns a chamarem a experiência de "morte lúcida".[4]

CÉTICOS: AS PESSOAS QUE TÊM UMA EQM PODEM NÃO ESTAR QUASE MORTAS

Ainda assim, há aqueles na comunidade científica que não acreditam que uma morte lúcida aconteça. Alguns deles acham que em estudos anteriores de experiências de quase morte a definição de *quase morte* foi incorreta e que isso incluiu aqueles que não estavam quase mortos fisicamente. Talvez, especulam os céticos, as pesquisas anteriores de EQM tenham abrangido muitos estudos de casos de pessoas que não estavam de verdade quase mortas. As experiências lúcidas seriam explicadas pelo fato de que essas pessoas não estiveram no limiar da morte.

Para a pesquisa da fundação NDERF, levamos essas preocupações em consideração. O estudo da NDERF incluiu apenas pessoas que relataram uma ocorrência de ameaça iminente de morte na ocasião de sua EQM. A definição da NDERF de tal ocorrência é bastante rigorosa e engloba apenas acontecimentos em que pessoas estão fisicamente comprometidas a ponto de a morte ser iminente sem uma mudança no quadro físico delas. Falando em termos gerais, os indivíduos relatam estar tão comprometidos fisicamente que estão inconscientes e, com frequência, clinicamente mortos. Qualquer um que não se encaixe nessa definição não é incluído no nosso estudo.

Uma das "explicações" mais comuns dos céticos para a EQM tem sido a hipoxia. *Hipoxia* significa baixo teor de oxigênio no sangue e nos tecidos do corpo, incluindo o cérebro. A hipoxia pode ocorrer numa variedade de condições, como parada cardíaca e outros acontecimentos de ameaça à vida, que resultam em perda da consciência. A maioria dos médicos está bastante familiarizada com os sintomas da hipoxia, que podem incluir dores de cabeça, confusão, perda de memória e fadiga. Conforme a hipoxia se agrava, pode resultar em confusão crescente e, enfim, inconsciência. Se você já sentiu extrema falta de ar por alguma razão, pode ter sido acometido por alguns sintomas da hipoxia. Se foi o caso, a não ser que sua hipoxia tenha sido grave a ponto de ter representado perigo de vida, tenho certeza de que o que você vivenciou não teve nada em comum com os elementos de uma experiência de quase morte. As experiências de quase morte quase nunca apresentam lembranças confusas que são típicas da hipoxia. O fato de que experiências de quase morte lúcidas e organizadas ocorrem num momento de hipoxia grave é mais uma evidência do extraordinário e inexplicável estado de consciência que acontece durante as EQMs.

REAÇÃO AO "FATOR OPRAH"

Outra preocupação apropriada dos céticos é se o conteúdo das EQMs relatadas pelas pessoas é influenciado pelo quanto já sabem sobre EQMs na ocasião de sua experiência. Alguns dos pesquisadores mais inteligentes chamam isso de "fator Oprah" por causa da excelente contribuição que o programa de tevê da apresentadora Oprah Winfrey propiciou para difundir o conhecimento sobre as EQMs.

O raciocínio dos céticos é o seguinte: se a pessoa que passa pela EQM sabe como são as EQMs na ocasião em que tem sua própria experiência, isso afetará o que contarão sobre sua própria experiência depois?

Antes da publicação do livro *A Vida Depois da Vida*, do dr. Raymond Moody, em 1975, não teria havido possibilidade alguma de isso acontecer porque o público em geral ainda não conhecia os elementos específicos da EQM.

Ainda assim, fazendo jus ao meu próprio ceticismo, conduzi um estudo para ver se o fator Oprah, de fato, afetou o que os que têm uma EQM relatam. O estudo foi simples. Comparei respostas a 21 perguntas de estudo na nossa primeira pesquisa da NDERF de pessoas cujas EQMs aconteceram antes de 1975 com as de pessoas que tiveram EQMs depois de 1975.[5]

Para ser franco, os resultados me surpreenderam. Os mesmos elementos de EQM aconteceram tanto no grupo anterior a 1975 quanto no grupo posterior a 1975. E mais, os mesmos elementos ocorreram com a mesma frequência. Esse estudo sugere com intensidade que o conteúdo das EQMs não é influenciado por conhecimento prévio sobre EQMs.

Outro estudo ainda mais convincente foi conduzido pela dra. Geena Athappilly e colegas em 2006. Ela revisou 24 EQMs que foram relatadas e gravadas antes de 1975, antes que a EQM fosse conhecida, comparando-as com um grupo equivalente de 24 relatos feitos após 1975. O estudo dela descobriu que as EQMs desses dois períodos diferiram apenas no detalhe de que as EQMs gravadas depois de 1975 apresentavam a descrição mais frequente de um túnel. Os autores concluíram: "Esses dados desafiam a hipótese de que os relatos da experiência de quase morte são de modo substancial influenciados por modelos culturais prevalecentes".[6]

O fator Oprah também foi abordado pela seguinte pergunta da pesquisa da NDERF: "Você tinha algum conhecimento sobre a experiência de quase morte (EQM) antes da sua experiência?" Entre todos os participantes pesquisados, 66,4% responderam "Não", o que julguei ser uma porcentagem alta espantosa.

A LÓGICA PADRONIZADA NÃO SE APLICA

Verifiquei milhares de estudos de casos repletos de evidências concretas de morte lúcida. A única conclusão a que posso chegar é que a consciência deixa o corpo na ocasião da morte.

Sei que isso significa que a lógica padronizada não se aplica — que a morte pode não significar uma morte final como passamos a conhecê-la. É por essa razão que este capítulo se chama "Morte Lúcida". Acredito que ter uma experiência vívida e consciente na ocasião da morte clínica está entre as melhores evidências disponíveis a sugerirem uma existência consciente após a morte do corpo. O que apresenta uma das mais fortes linhas de evidência da vida após a morte.

Capítulo 4

PROVA Nº 2: FORA DO CORPO

> A fim de vivenciar a espiritualidade cotidiana, precisamos lembrar que somos seres espirituais que passam algum tempo num corpo humano.
>
> **— Barbara de Angelis**

Uma experiência fora do corpo (EFC) é o primeiro elemento em muitas experiências de quase morte. Da maneira como definimos aqui, *fora do corpo* significa "a separação da consciência do corpo físico". Descrever o fenômeno de uma maneira tão branda parece quase algo dócil demais. Os que tiveram EFCs podem relatar que, quando se encontram num estado de inconsciência e em geral sem pulso, ainda são capazes de ver acontecimentos terrenos, cotidianos. As pessoas que têm EFCs podem ver seu próprio corpo inconsciente, como também a atividade frenética da equipe médica que tenta ressuscitá-las.

Cerca de metade de todas as EQMs tem uma EFC relacionada a visão ou audição de acontecimentos terrenos. Geralmente, o ponto de consciência se eleva acima do corpo. Se há um teto presente, a consciência em geral não se eleva acima dele, ao menos não no início, e é descrita como pairando num canto do recinto. É incomum que o ponto de consciência esteja no mesmo nível do corpo, e apenas raramente o ponto de consciência se move para um lugar abaixo do corpo.

Foram relatadas experiências fora do corpo que ocorrem de maneira espontânea quando não há um acontecimento associado com risco de vida. O termo *experiência fora do corpo* como usado neste livro se refere apenas a EFCs que ocorrem durante EQMs.

Eis um exemplo de uma EFC de um homem que quase morreu de uma complicação após a cirurgia. Enquanto a equipe médica trabalhava para salvar sua vida, ele observou do alto:

> De repente, a minha consciência se elevou acima [do meu leito na] UTI. Lembro de ter dito a mim mesmo que eu não tivera uma experiência fora do corpo e, portanto, isso não podia estar acontecendo. Conforme me elevei, disse a mim mesmo: "Bem, aqui está".

A possibilidade da existência da EFC pode ser muito difícil para algumas pessoas aceitarem. É compreensível. A consciência que existe separadamente do corpo físico é um acontecimento que poucos vivenciaram. Antes de aceitar a EFC como um fato, pessoas razoáveis podem precisar de provas muito fortes dessa realidade. Tais provas estão disponíveis, como veremos.

VISÃO EXTRACORPORAL

O primeiro grande estudo sobre experiências fora do corpo que ocorreram durante experiências de quase morte foi publicado em 1982 pelo cardiologista Michael Sabom.[1] Ele ficou intrigado com relatos anedóticos que ouvira de outros médicos. O dr. Sabom divisou um estudo no qual entrevistou 32 pessoas que haviam tido EQMs com experiências fora do corpo. A maioria dessas pessoas foi submetida a ressuscitação cardiopulmonar (RCP) na ocasião de sua experiência de quase morte.

Como parte desse estudo, Sabom entrevistou 25 "pacientes cardíacos experientes" que não tiveram EQMs durante suas crises cardíacas. Esses 25 pacientes atuaram como um grupo de controle no estudo. A ambos os grupos, então, foi pedido que descrevessem suas próprias reanimações.

Sabom descobriu que as pessoas que tiveram EQMs com experiências fora do corpo foram muito mais precisas do que aquelas do grupo de controle em descrever com exatidão as suas ressuscitações. Em suma, os resultados desse estudo se mostraram congruentes com as afirmações dos que tiveram EQMs de que testemunharam suas próprias reanimações no estado fora do corpo.

Um estudo semelhante ao de Sabom foi publicado em 2004 por Penny Sartori, PhD.[2] Ela entrevistou 15 pessoas que passaram por EQMs e descobriu que oito delas haviam tido a experiência fora do corpo. Como Sabom, Penny pediu aos que tiveram EFCs para descreverem os esforços empregados em suas próprias ressuscitações e comparou as respostas com as de um grupo de controle, no qual os pacientes haviam sido submetidos a ressuscitações mas não tinham tido uma experiência fora do corpo.

Penny descobriu que várias pessoas desse estudo que haviam passado por EQMs forneceram relatos precisos em suas observações fora do corpo. O grupo de controle foi impreciso. Várias pessoas que tiveram EQMs foram imprecisas em suas observações, embora isso talvez possa ser atribuído aos efeitos na memória de medicamentos administrados para sedá-las após a ressuscitação. Muitos do grupo de controle puderam apenas presumir o que acontecera ou descrever o que sabiam de ressuscitação pelo que tinham visto na tevê. Esse estudo é mais uma prova de que aqueles que têm uma experiência fora do corpo podem, de fato, estar testemunhando sua própria ressuscitação numa ocasião em que estão clinicamente mortos.

Janice Holden, PhD, uma professora de direito na Universidade de North Texas, conduziu outro importante estudo de EFCs.[3] Janice compilou todos os relatos de experiências fora do corpo em todos os livros acadêmicos e artigos publicados sobre EQMs. No estudo de Janice, foram incluídos apenas relatos em que os que tiveram EQMs procuraram verificar posteriormente a exatidão de suas observações durante suas EFCs. Esse esforço ambicioso resultou em 89 relatos de casos envolvendo observações de acontecimentos terrenos, cotidianos, por pessoas que relataram ter ficado fora do corpo. Catorze relatos de casos adicionais envolveram observações durante a EQM de "fenômenos não materiais, não físicos" que puderam ser comprovados mais tarde por observações terrenas. Quatro relatos de casos desse estudo incluíram ambos os tipos de observação de EQM.

Janice foi exigente na questão da precisão nesse estudo. Ela considerou as "observações terrenas" dos que tiveram EFCs como imprecisas se até mesmo um único detalhe das observações fosse considerado inexato durante investigações posteriores. Assim, mesmo que as observações de EQM fossem 99% precisas, o 1% inexato levaria essas observações de EQM a serem classificadas na sua totalidade como imprecisas nesse estudo. Mesmo com um critério tão rígido, o estudo descobriu que 92% das pessoas que passaram por uma EQM fizeram observações de eventos terrenos, cotidianos, que pareceram precisos, sem erro algum, conforme averiguado por investigações após a EQM.

Uma das minhas histórias favoritas de experiência fora do corpo vem de uma EQM relatada por Kimberly Clark Sharp, reconhecida pesquisadora de EQMs de Seattle, Washington.[4] Em 1984, Kimberly relatou um estudo de caso no qual uma mulher chamada Maria foi levada às pressas ao hospital com um grave ataque do coração. Após a ressuscitação bem-sucedida, Maria contou a Kimberly sobre sua experiência de quase morte, incluindo observações detalhadas de fora do corpo de sua ressuscitação. Então, ela foi um passo além. Sua consciência passou do lado de fora do hospital, contou ela, onde observou um tênis no peitoril da janela do terceiro andar do hospital. Maria deu informações detalhadas sobre o calçado. Era um tênis masculino, afirmou, o pé esquerdo e azul-escuro com uma marca de uso acima da região do dedinho e um cadarço enfiado debaixo da sola no calcanhar.

Sendo a pesquisadora dedicada que é, Kimberly foi de janela em janela, no terceiro andar do hospital, verificando os peitoris. Finalmente, encontrou o tênis, exatamente como Maria o descrevera. Este relato se destaca como comprobatório, apesar dos esforços de alguns céticos para levantar dúvidas.[5]

Outra experiência de percepção de EFC muito citada foi relatada pelo dr. Pim van Lommel e publicada no *The Lancet*, um dos jornais médicos de maior prestígio mundial.[6] O paciente sofreu uma parada cardíaca e não estava respirando. No momento em que um tubo foi inserido na passagem de ar para ventilá-lo, notou-se que ele usava dentadura na parte superior. A dentadura foi retirada e colocada na gaveta de um carrinho enquanto o paciente estava em coma profundo. Mais de uma semana depois, o paciente relatou ter tido uma EFC e descreveu com precisão a sala onde havia sido ressuscitado e as pessoas presentes. Declarou que sua dentadura perdida poderia ser encontrada na gaveta do carrinho. Note que o paciente relatou ter visto a enfermeira e os presentes durante sua ressuscitação, o que não ocorre se uma pessoa não estiver lúcida e num estado fora do corpo.

ESTUDANDO CENTENAS DE EFCs NA NDERF

O estudo da fundação NDERF revelou centenas de relatos de EQMs que incluíram experiências fora do corpo. Eu os estudei de uma maneira semelhante ao estudo de Janice Holden previamente apresentado, mas com algumas diferenças importantes. Para o estudo da experiência fora do corpo, revi 617 EQMs compartilhadas sequencialmente que haviam sido postadas no *site* da NDERF. Todas as experiências de quase morte que se adequaram aos critérios do estudo e que foram relatadas no questionário da NDERF de 10 de outubro de 2004 a 10 de outubro de 2008 foram revisadas. Os critérios do estudo eram os de que cada relato de experiência de quase morte fosse partilhado pelo indivíduo que teve a EQM, que fosse descrita uma única EQM e fosse relatada em inglês; além disso, precisávamos da permissão para postar a EQM no *site* da NDERF. Meu objetivo era ver se havia *quaisquer* observações de fora do corpo de acontecimentos terrenos que tanto as pessoas que passaram pela EQM quanto eu julgássemos *não* reais. Se *quaisquer* observações fora do corpo irreais fossem encontradas, a EQM seria classificada como irreal.

Um questionário foi preparado para o estudo de vários elementos das experiências de quase morte, incluindo EFCs. Na minha revisão dessas 617 experiências de quase morte, a primeira pergunta que respondi foi: "Essas pessoas viram ou ouviram quaisquer acontecimentos terrenos na ocasião em que sua consciência pareceu separada de seu corpo físico?"

Se a resposta a essa pergunta era "Sim", duas perguntas adicionais eram feitas: "Essas pessoas [que tiveram a EQM] investigaram posteriormente [após a experiência] a exatidão dos acontecimentos terrenos que viram ou ouviram durante sua experiência, na ocasião em que sua consciência parecia separada de seu corpo físico? A segunda pergunta era: "Há alguma razão para duvidar... de que quaisquer dos acontecimentos terrenos vistos ou ouvidos na ocasião em que sua consciência parecia separada de seu corpo físico foram reais?"

Para cada uma das perguntas anteriores da pesquisa, selecionei respostas que variavam de um definitivo "Sim" a um definitivo "Não".

Os resultados da pesquisa são surpreendentes. Dos 617 relatos de experiência de quase morte, 287 (46,5%) descreveram EFCs que continham observações de acontecimentos terrenos que permitiriam a outras pessoas acessar objetivamente a realidade de suas observações. Desse grupo de 287 pessoas que tiveram EFC, constatou-se que 280 (97,6%) tiveram experiências fora do corpo que foram *inteiramente* reais e não continham *nenhum* conteúdo irreal. Finalmente, das 287 pessoas que tiveram EFC, 65 (23%) delas descreveram que investigaram a exatidão de suas próprias observações durante a EFC, posteriormente à EQM. Nenhuma dessas 65 pessoas que tiveram EFC descreveu qualquer inexatidão em suas observações durante a EFC com base em suas investigações posteriores.

Esses são resultados espantosos, levando-se em conta que eu consideraria a experiência fora do corpo irreal se *qualquer* parte da EFC não parecesse real a mim ou às próprias pessoas que passaram pela EQM.

Descobertas surpreendentes

A descoberta de que quase todas as centenas de observações de pessoas que tiveram EFC de acontecimentos terrenos eram reais provê algumas das evidências mais fortes já apresentadas de que as EQMs são reais. A melhor evidência indica que pessoas que passam por uma experiência de quase morte vivenciaram uma separação da consciência de seu corpo físico. É ainda mais extraordinário que isso esteja ocorrendo numa ocasião em que a pessoa que tem a EQM está inconsciente ou clinicamente morta.

Não posso deixar de me maravilhar com essas descobertas. Não há explicação científica ou médica para a consciência existir separadamente do corpo. O fato de que pessoas que têm uma EFC relataram ter visto ou ouvido numa ocasião em que seus olhos e ouvidos físicos não estavam funcionando poderia ter implicações profundas para o pensamento científico sobre a consciência. A comunidade científica talvez precise agora lutar com uma pergunta profunda: O que significa ter percepção sensorial sem o uso dos sentidos físicos?

Muitas centenas de EQMs que incluem percepção fora do corpo foram compartilhadas e postadas no *site* da NDERF. Aqui estão alguns exemplos:

Thaddeus, um médico, teve uma infecção no sangue que colocou sua vida em risco. Enquanto estava deitado numa sala de isolamento do hospital, sua perspectiva mudou subitamente:

Deitado de costas. Acordado. De repente, estou olhando para mim mesmo do teto. Minha posição está invertida; isto é, minha cabeça está do lado oposto aos pés no leito. Vejo a mim mesmo com toda a clareza. Tenho visão normal. Me é apresentada uma decisão a tomar. Não há voz. Apenas o "conhecimento" de que tenho uma escolha. A escolha é a de ficar ou de ir. Não há absolutamente nenhum peso para ambas as opções, o que me surpreende... Uma sensação de calma absoluta. Escolho "ficar". Logo, estou de volta ao meu corpo.

No verão de 1971, Diane se encontrava com o marido no norte da Geórgia. Estavam praticando canoagem no rio Chattahoochee. Ela estava com oito pessoas num grande bote quando este virou e ela foi mantida debaixo das corredeiras pela ação violenta da água. Presa sob a poderosa força do rio, Diane ficou sem ar, apagou e, então, teve esta extraordinária experiência:

A coisa seguinte de que me dei conta foi que eu estava 30 metros acima do rio, olhando para o bote preso de encontro às rochas abaixo. Vi os dois homens no bote à minha procura, na expectativa de que eu saísse debaixo dele. Vi a outra mulher, que estivera no nosso bote, correnteza abaixo, segurando-se a uma rocha. Observei meu marido e a minha irmã adolescente, que haviam descido sem incidentes pelas corredeiras na nossa frente, voltando correndo colina acima para descobrir por que todos os detritos estavam flutuando pelo rio. Havíamos retirado tudo do bote deles e colocado no nosso para o caso de virarem, mas eles desceram tão tranquilamente que apenas saltamos no bote para segui-los. Do alto, observei meu marido subir numa rocha no rio. Ele não podia ouvir o que os dois homens que ainda estavam no bote gritavam para ele acima do barulho da água. Ele não tinha ideia de onde eu estava ou do que acontecera, mas sabia que eu desaparecera. Ele dava a impressão de querer pular para tentar me encontrar e, de repente, eu me vi ao lado dele, tentando impedi-lo porque ele não nadava muito bem e eu sabia que não adiantava. Quando fiz menção de impedi-lo, minha mão o atravessou. Olhei para a minha mão e pensei: Oh, meu Deus, estou morta!

... O Ser de Luz me disse que era minha escolha ficar ou ir, mas que havia mais para eu fazer na vida e não era a minha hora de partir. Ainda hesitando, me disseram que, se eu escolhesse voltar, me seria concedido certo conhecimento para levar comigo e partilhar com os demais. Após muita conversa, concordei em voltar e, de repente, me encontrei diante de uma construção alta, em formato de cone — tão alta que parecia se elevar infinitamente. Me disseram que esse era o Hall do Conhecimento. Entrei na construção e voei, subindo em espirais, através do que pareciam ser prateleiras de livros, como numa biblioteca, muitos milhões de livros, e eu voei por entre todos. Quando cheguei ao topo, atravessei um calidoscópio de cores e, ao mesmo tempo, minha cabeça saiu da água. Eu estava rio abaixo, a cerca de 10 metros do bote.

Logo me dei conta de onde estava e agarrei-me à rocha mais próxima. Consegui me erguer e tossi, golfando muita água. Eu me encontrava em estado de choque, mas não precisei de cuidados médicos. Não sei quanto tempo fiquei debaixo do bote; ninguém estava olhando para o relógio na ocasião. Pode ter sido três ou quatro minutos; pode ter sido dez. Não existia tempo onde eu estivera.

ESTUDO FUTURO

Atualmente, há um importante estudo em andamento dirigido pelo dr. Sam Parnia, principal investigador do estudo AWARE (AWAreness during REsuscitation[7] — Consciência durante a Ressuscitação). O AWARE [do inglês *aware*: cônscio, ciente] conta com a colaboração de muitos grandes centros médicos em várias partes do mundo, e pesquisadores esperam examinar cerca de 1.500 sobreviventes de parada cardíaca. Conforme o nome desse projeto dá a entender, os pesquisadores examinarão o estado de consciência dos pacientes no momento em que estão tendo uma parada cardíaca. Pôsteres serão colocados em salas de hospital de maneira que sejam visíveis apenas do teto para determinar se podem ser vistos durante a EFC. Vários anos se passarão até que tenhamos resultados desse estudo, e ele responderá a muitas perguntas posteriores sobre EFCs durante EQMs.

Têm havido vários estudos anteriores onde alvos foram colocados em áreas de hospitais onde existe a possibilidade de que pacientes com doenças graves tenham EQMs. Esses alvos eram papéis impressos ou telas de computador com figuras ou palavras. Os alvos foram colocados geralmente num local onde o paciente, e aqueles que cuidavam dele, não os veriam normalmente. Os criadores desses estudos esperaram que pacientes que tivessem uma experiência fora do corpo durante uma EQM fossem capazes de ver os alvos e, portanto, prover provas objetivas da EFC. Até então, tem havido poucas EQMs e menos EFCs ainda nesses estudos. Nenhuma das EFCs nesses estudos abrangeu percepção visual direcionada ao alvo.

Pessoalmente, acho que é de extrema importância continuar esse tipo de pesquisa. Isso não apenas contribui para um entendimento dos nossos processos mentais e físicos mas também pode auxiliar no nosso entendimento do mundo espiritual. Estou convencido de que estudar as experiências fora do corpo de diversas maneiras levará a um entendimento mais claro do estado especial de consciência constantemente descrito nas EQMs.

O QUE OS CÉTICOS DIZEM

Alguns céticos acham que experiências fora do corpo são simplesmente fragmentos de memória que surgem conforme uma pessoa começa a morrer. Sugerem que esses fragmentos de memória podem se originar daquilo que a pessoa que passa pela experiência de quase morte pôde ouvir ou sentir durante uma ocasião de aparente inconsciência. Esse argumento também sugere que experiências fora do corpo podem ser reconstruções irreais de lembranças parciais do momento em que a pessoa que tem a EQM está perdendo a consciência, antes da EQM, ou recobrando a consciência imediatamente após a EQM. O encontro de alguma comprovação das observações durante a EFC em relação aos fatos ou objetos reais, dizem eles, poderia ser devido a meros palpites que dependem de sorte.

O estudo da NDERF mostra que esse argumento está errado.

Uma revisão de 287 relatos de EFCs revela que elas são totalmente reais, sem *nenhum* erro evidente, em 97,6% dos casos. Se as EFCs fossem fragmentos irreais ou palpites que dependem de sorte, seria inacreditável que houvesse uma porcentagem tão alta de observações durante EFCs tão completamente precisas em centenas de EQMs.

A pesquisa diz que as lembranças formadas pouco antes ou logo após um período de parada cardíaca, caso cheguem a ocorrer, são marcadas por confusão.[8] Em contrapartida, apenas raramente as EQMs contêm lembranças confusas. Se *qualquer* parte da EQM se devesse a simples reconstrução de fragmentos de lembranças, seria de esperar que tais lembranças se tornassem progressivamente mais ou menos confusas conforme a pessoa que tem a EQM se aproxima de se recobrar ou se recobra da inconsciência. Não é o que acontece. As experiências de quase morte são tipicamente dotadas de alta lucidez do início ao fim.

No estudo da NDERF, perguntamos: "Em que momento, durante a experiência, você esteve em seu nível mais elevado de consciência e de vigilância?" Solicita-se que as pessoas deem uma resposta narrativa. Revisando centenas de respostas a essa pergunta, descobrimos que o nível mais elevado de consciência e vigilância geralmente ocorre não no início ou no final da EQM, mas em algum ponto durante ou ao longo da EQM inteira. Bem poucas pessoas que têm uma EQM descrevem seus níveis mais elevados de estado de vigilância ocorrendo quando se aproximaram de recobrar ou quando recobraram seu período de inconsciência. É mais uma evidência sólida de que as EFCs que ocorrem durante as experiências de quase morte são acontecimentos reais, não apenas fragmentos de lembranças. Além disso, a pesquisa da NDERF mostra que pessoas num estado fora do corpo têm, com frequência, um nível mais elevado de consciência e de vigilância do que diariamente em sua vida cotidiana.

DISTANTES DE SEU CORPO

Há uma evidência adicional impressionante de que as EFCs que ocorrem durante experiências de quase morte são reais. Essa evidência se origina dos estudos de casos das pessoas que tiveram EQMs e que afirmam que deixaram seu corpo e percorreram alguma distância, afastando-se dele, para além da abrangência de seus sentidos físicos. Por exemplo, um paciente cujo corpo está sendo ressuscitado no pronto-socorro pode se descobrir flutuando para fora do recinto e até outra parte do hospital. Mais tarde, a pessoa é capaz de relatar observações precisas sobre o que estava acontecendo longe de seu corpo físico. Muitos relatos de casos que descrevem isso foram publicados ao longo dos anos por pesquisadores de EQM.[9] No estudo previamente apresentado da NDERF sobre EQM, houve dez observações de EFC de acontecimentos terrenos que claramente se deram longe do corpo físico e para além de qualquer percepção sensorial corporal possível. Todas as dez dessas observações de EFC foram totalmente reais.

Experiências fora do corpo que continham informações bem distantes do corpo são tão reais quanto as mais comuns EFCs que envolvem observações de acontecimentos ocorridos perto do corpo físico. O exemplo a seguir vem de um médico da Índia. Ele fez um aparelho de comunicação elétrico, mas houve um defeito e o homem foi eletrocutado. Ele foi capaz de enxergar através das paredes de sua casa e viu seu pai se aproximar do corpo dele. Conseguiu ver detalhes no telhado bem acima de seu corpo:

> Eu me elevei cerca de 3 metros do chão e parei, pairando perto das telhas do telhado. Pude ver as letras escritas nas telhas bem de perto, quase a poucos centímetros. Cada letra me pareceu bastante grande.

Como médico, fico atônito com essas experiências. Mesmo agora, depois de ter conhecido centenas de relatos de experiência fora do corpo, às vezes ainda fico maravilhado em pensar que a nossa consciência talvez não tenha fronteiras.

TENTE ISTO EM CASA

Assim mesmo, pode haver aqueles que ainda não estão convencidos de que as EFCs são um fenômeno autêntico. Você ainda é um dos que duvidam? Tente este experimento: feche os olhos por cinco minutos num lugar público, mantendo-se o mais ciente possível dos acontecimentos ao seu redor durante esse intervalo. Mantenha outra pessoa ao seu lado que esteja vendo e ouvindo os acontecimentos. Ao final de cinco minutos, compare as suas impressões dos cinco minutos com as da pessoa que o está acompanhando. Embora você tenha se mantido totalmente atento e tentado ficar ciente dos acontecimentos à volta, posso adivinhar que as suas impressões conterão incoerências significativas — muito mais do que as encontradas nas experiências fora do corpo dos participantes do estudo da NDERF.

Capítulo 5

PROVA Nº 3: A VISÃO DOS CEGOS

> Ver é acreditar, mas também saiba que acreditar é ver.
> — **Dennis Waitley**

Em 1998, Kenneth Ring, PhD, e Sharon Cooper, MA, publicaram um artigo que foi ponto de referência no *Journal of Near-Death Studies* (Jornal de Estudos de Quase Morte) sobre cegos que tiveram experiências de quase morte de caráter vividamente visual, ou experiências fora do corpo não associadas com EQMs.[1] Um subgrupo especialmente interessante nesse estudo foi formado com relatos de casos de indivíduos que nasceram totalmente cegos e tiveram EQMs com os elementos típicos, incluindo conteúdo visual detalhado. É inexplicável para a medicina que uma pessoa cega de nascença, ou que tenha ficado cega pouco tempo depois do nascimento, tenha uma EQM visualmente ordenada.

Um desses exemplos é a história de Vicki, que enxergou pela primeira vez na vida durante sua experiência de quase morte, conforme documentado no livro de Ring e Sharon, *Mindsight*

(Visão da Mente). Ela ficou cega pouco tempo depois do nascimento, devido a uma lesão nos nervos ópticos, em decorrência de ter recebido oxigênio demais numa incubadora. Vicki teve duas experiências de quase morte. Uma foi aos 12 anos de idade, devido a complicações de apendicite, e a segunda foi aos 22, logo após um grave acidente de carro. A primeira vez na vida em que conseguiu enxergar foi em sua primeira experiência de quase morte, quando teve uma EFC. De acordo com Vicki, o conteúdo de ambas as experiências de quase morte foi semelhante, mas a EQM que se seguiu ao acidente de carro foi mais vívida e detalhada. Desse modo, apresentarei detalhes da segunda EQM dela, que aconteceu depois que ela sofreu trauma, incluindo lesões na cabeça, tão graves que ainda estava se recuperando do acidente um ano depois. Conforme sua experiência de quase morte começou, ela ficou "abismada" acima de seu corpo no pronto-socorro, observando a equipe médica tentando salvá-la. Depois que se acalmou, ela teve uma EQM altamente visual e bastante detalhada que incluiu visitar um bonito plano sobrenatural, encontrar amigos falecidos e uma recapitulação de vida. Ela relatou sua reação ao ver a si mesma:

> Eu sabia que era eu... Era bastante magra na época. Era muito alta e magra nesse ponto. E reconheci em princípio que era um corpo, mas nem sequer soube que era meu inicialmente. Então, percebi que estava junto ao teto e pensei: "Bem, isto é um tanto estranho. O que estou fazendo aqui em cima?" Pensei: "Bem, deve ser eu. Estou morta?"... Vi brevemente esse corpo e... eu soube que era meu porque eu não estava no meu.[2]

Vicki era casada e usava alianças, mas, obviamente, nunca as vira. Aqui estão suas recordações de suas alianças:

Acho que eu estava usando a aliança simples de ouro no dedo anular direito e a aliança de casamento do meu pai ao lado dela. Mas a minha aliança de casamento eu vi, sem dúvida... Foi a que notei mais porque é incomum. Ela tem flores de laranjeira nos cantos.[3]

O que é tão excepcional nas recordações de Vicki dessas impressões visuais é que ela nunca havia entendido antes o conceito da visão. "Essa foi", disse ela, "a única vez que pude saber o que era enxergar e como era a luz porque vivenciei isso."[4]

VISÃO MIRACULOSA

Eu mesmo entrevistei Vicki e acho sua história extraordinária. Para os cegos de nascença, a visão é um conceito abstrato. Eles entendem o mundo apenas a partir de seus sentidos de audição, tato, paladar e olfato. Ocasionalmente, cegos com certas condições de correção da deficiência têm a possibilidade de recuperar a visão por meio de procedimentos cirúrgicos. Quando os cegos adquirem a visão, há com frequência um período prolongado de tempo no qual têm dificuldade para compreender e se ajustar às percepções visuais. Isso contrasta com a situação de Vicki, que ficou imediatamente ciente de suas percepções visuais durante sua EQM. O que sugere que a visão de Vicki não era de origem física.

Estudos têm mostrado que os sonhos dos cegos de nascença não incluem a visão. O sentido da visão não pode ser explicado eficazmente aos cegos de nascença, nem mesmo por analogias aos quatro sentidos restantes que possuem. Tentei fazê-lo em conversas com Vicki e não obtive êxito.

Ser cego de nascença e, de repente, poder enxergar no limiar da morte deve ser, ao mesmo tempo, belo e frustrante. Participantes do estudo de Ring e Sharon Cooper tentaram explicar exatamente como havia sido sua experiência. Alguns hesitaram em dizer que a experiência foi visual porque realmente não sabiam o que era uma experiência visual. Depois de pensar a respeito, um homem declarou que a sua experiência era uma forma de síntese, o que neste caso significou uma combinação de todos os seus sentidos para formar uma nova experiência. Eis aqui como o participante a descreveu no livro de Ring e Sharon, *Mindsight*:

> Acho que o que estava acontecendo aqui era um bocado de sinestesia, onde todas as percepções estavam sendo mescladas em alguma imagem na minha mente, sabe, a visual, a tátil, toda a informação que eu tinha. Não posso dizer literalmente que, de fato, vi alguma coisa, mas, ainda assim, estava ciente do que acontecia e percebendo tudo isso na minha mente... Mas não me lembro de detalhes. É por isso que digo que reluto em descrevê-la como visual.[5]

Outro dos participantes de Ring afirmou que sua NDE visual foi *além* do visual:

> O que estou dizendo é que fiquei mais ciente. Não sei se foi por intermédio da visão que fiquei ciente... Não tenho certeza. Tudo o que sei é que... de algum modo fiquei ciente de informações ou coisas que aconteciam que eu normalmente não seria capaz de captar pela visão... É por isso que estou sendo bastante cauteloso na escolha das palavras, porque não tenho certeza de onde isso veio. Eu diria a você que tenho a sensação de que não veio da visão e, ainda assim, não tenho certeza.[6]

Depois de avaliar as histórias que lhes foram contadas por esses participantes cegos, Ring e Sharon chegaram a uma conclusão que pareceu levar todos os aspectos do argumento em consideração:

> Mesmo que não possamos afirmar que os cegos enxergaram nessas experiências de alguma maneira direta, ainda temos de considerar o fato — e parece mesmo ser um fato — de que eles têm acesso a um tipo de percepção supersensorial expandida que pode não ser em si explicável por meios normais... Talvez, como sugerimos, mesmo que esses relatos não possam no final representar uma equivalência à visão retiniana como tal, eles claramente representam algo que deve ser abordado diretamente...
> De fato, o que parecemos ter aqui é um estado distinto de consciência, que gostaríamos de chamar de percepção transcendental, ou visão da mente.[7]

Concordo com Ring e Sharon. EQMs visuais que acontecem com os cegos parecem envolver uma forma de experiência visual não terrena. Não existe nenhuma explicação médica para que uma pessoa cega de nascença tenha uma EQM visual dessas. Ainda assim, cegos que têm experiências de quase morte podem ter imediatamente visão total e clara. É mais um indício de que a visão nas EQMs, incluindo experiências de quase morte naqueles que não são cegos, não é como a visão física, comum.

A NDERF recebeu vários relatos de experiências de quase morte de indivíduos com significativa deficiência visual ou com ambliopia. Um exemplo de uma experiência de quase morte que aconteceu com uma pessoa com ambliopia vem de Violet. Ela teve uma grave hemorragia durante o parto, e o médico pensou que a haviam perdido. Violet teve uma experiência fora do corpo, na qual sua visão foi de extraordinária clareza:

Tudo estava muito brilhante e nítido. Tenho a visão bastante reduzida sem os meus óculos, mas a enfermeira retirou meus óculos antes de me levarem para a sala de parto, mas pude ver com toda clareza o que o médico estava fazendo.

VISÃO APRIMORADA NO LIMIAR DA MORTE

Ao estudar um volume imenso de experiências de quase morte, recebemos um fluxo constante de respostas a perguntas que temos sobre EQMs e a vida após a morte. Mas estudar EQMs também pode ser algo enigmático. Para cada resposta que obtemos, várias outras perguntas surgem às vezes. E uma das grandes perguntas para mim é: Por que — como — uma pessoa cega pode ver durante uma experiência de quase morte? Some-se a essa outra pergunta: O que significa o fato de uma pessoa cega poder ver durante uma EQM?

Deixe-me começar analisando a primeira pergunta. Descrever a visão nos cegos como "sobrenatural" não é uma resposta completa. Existe um aspecto transcendental a muitos na pesquisa de EQM que permanece um mistério. Pesquisar EQMs requer uma metodologia diferente da usada para a maioria das outras pesquisas científicas. As experiências de quase morte não podem ser reproduzidas em laboratório. Não podemos ligar pessoas a equipamentos médicos sensíveis e lhes dar experiências de quase morte. Seria antiético em termos médicos. Uma coisa que podemos fazer é compilar e estudar grandes números de estudos de casos de EQM e procurar provas relacionadas à possibilidade da vida após a morte. É o que fizemos no estudo da NDERF.

Mas, ao fazê-lo, encontramos muitas perguntas para as quais não temos respostas completas. A razão para os cegos conseguirem enxergar durante uma EQM é uma delas. Embora não tenhamos uma resposta completa, temos dados o bastante para eu poder oferecer algumas especulações.

É inexplicável em termos médicos que um cego de nascença tenha uma experiência visual detalhada e organizada. Outra evidência vem dos não cegos que têm EQMs e que descrevem frequentemente uma habilidade visual não terrena — visão de 360 graus, por exemplo. As pessoas que têm experiências de quase morte estão geralmente inconscientes e sua habilidade fisiológica normal de enxergar não está funcionando durante suas EQMs. Tudo isso aponta para a conclusão de que a visão descrita durante as EQMs é diferente da visão terrena, que nos é tão familiar. A visão na vida após a morte pode ser análoga à visão terrena, mas bastante diferente no sentido de ser mais nítida, abrangente e não física.

Todos os cinco sentidos associados com a vida terrena (visão, audição, tato, paladar e olfato) foram relatados nos estudos de casos da NDERF. Não há dúvida de que as pessoas que passam por uma EQM geralmente descrevem um aprimoramento em todos esses sentidos numa ocasião em que não deveriam ter função sensorial alguma. De todos os sentidos, a visão é, com frequência, descrita como muito diferente da visão comum, cotidiana.

A pesquisa da NDERF perguntou às pessoas que tiveram EQM: "A sua visão diferiu, de algum modo, de sua visão normal, habitual (em qualquer aspecto, como clareza, campo de visão, cores, luminosidade, grau de percepção de profundidade dos objetos (sólido/transparente) etc.?" Dos participantes, 66,1% responderam "Sim"; 15% responderam "Impreciso" e apenas 18,9% responderam "Não". As pessoas que tiveram experiências de quase morte foram encorajadas a fornecer uma resposta narrativa a essa pergunta. Aqui estão algumas de suas respostas:

Minha visão foi bastante ampliada. Fui capaz de ver coisas tão de perto ou de longe quanto precisei. Não foi necessário esforço; foi quase como deixar uma câmera no *zoom* automático. Se eu achasse que precisava ver alguma coisa, apenas olhava para ela, sem a necessidade de pensamento a respeito, nem de esforço.

Quando eu estava flutuando acima do meu corpo, pude ver 360 graus ao meu redor ao mesmo tempo. Mas apenas pareci focar uma área menor visível semelhante à minha visão física normal.

Foi como assistir à tevê de alta definição, em comparação ao normal: todas as pessoas e coisas estavam vívidas; não havia escuridão nem sombras.

Claridade, luzes brilhantes. Olhando de volta, eu tinha visão perfeita (sou terrivelmente míope); tudo era sólido.

A visão ficou borrada durante a sedação; quando eu estava tendo o ataque cardíaco, a visão ficou muito clara, como também os meus pensamentos.

Eu era míope, mas, naquele momento, minha visão ficou 100% e... tudo era superclaro e nítido e todas as cores eram brilhantes.

Não tendo corpo material, eu estava percebendo, vendo, sentindo num outro plano. É como tentar explicar as cores do arco-íris a uma pessoa cega.

Centenas dessas descrições da visão durante EQMs foram reunidas pela NDERF. As descrições da visão durante EQM são, muitas vezes, tão contundentes que tenho de lembrar a mim mesmo que as pessoas que têm as EQMs geralmente estão inconscientes e, muitas vezes, clinicamente mortas na ocasião em que estão tendo esse extraordinário nível de visão. Ainda assim, ao longo dos anos, centenas de relatos de EQMs foram compartilhadas com a NDERF, descrevendo, comumente, visão supernormal, consciência acelerada, observações fora do corpo reais e muitos outros elementos que acontecem enquanto as pessoas que passam pela EQM estão inconscientes ou clinicamente mortas.

O entendimento do que acontece durante as experiências de quase morte, incluindo a visão descrita, exigiu que eu levasse em consideração o que teria julgado impensável anteriormente na minha carreira médica: talvez as pessoas que têm EQMs estejam, de fato, descrevendo outra dimensão real, transcendental, de existência. Talvez as regras que todos achamos que sabíamos sobre consciência e percepção sensorial precisem ser reconsideradas.

VER É CRER

Isso nos leva à segunda pergunta que a pesquisa me apresentou, ou seja: O que significa o fato de uma pessoa cega ser capaz de enxergar durante uma EQM?

Eu nunca havia sequer pensado nisso como uma pergunta, até que levei o meu filho Phillip a uma conferência em Seattle, onde uma mulher cega falou sobre sua EQM. Como Phillip tinha 9 anos na época, achei que ele ficaria entediado com a palestra. Mas a reação dele foi justamente a oposta. A palestra dela cativou por completo a atenção dele. Quando a palestra terminou, nós caminhamos em silêncio até o carro. Percebi que algo dominava os pensamentos de Phillip e, assim, não falei nada, inspirando-o a preencher o vazio.

Finalmente, Phillip falou.

— Se os cegos conseguem ver durante uma experiência de quase morte, a experiência não deve ser causada pela química do cérebro — comentou. — A experiência só pode ser real!

É essa linha de pensamento que coloca a visão dos cegos no alto da minha lista de evidências da vida após a morte.

Capítulo 6

PROVA Nº 4: CONSCIENTE DE UM JEITO IMPOSSÍVEL

> A respiração é a ponte que liga a vida à consciência,
> a qual une seu corpo aos seus pensamentos.
>
> — **Thich Nhat Hanh**

Algumas experiências de quase morte ocorrem enquanto um paciente está sendo submetido a uma cirurgia e foi anestesiado. Pode parecer que uma discussão sobre o fato de as EQMs acontecerem enquanto se está sob anestesia geral pertence à discussão das EQMs e da inconsciência. Como veremos, porém, existe uma grande diferença entre a inconsciência causada por anestesia geral e a causada por traumatismo ou doença grave.

O uso adequado da anestesia geral leva a uma inconsciência controlada, total. O termo *anestesia geral* significa "anestesia que afeta o corpo inteiro e acompanhada de perda da consciência". Quando a anestesia é administrada corretamente, o anestesista sabe que o paciente não tem consciência do que se passa à sua volta. Essencialmente, o paciente está morto perante o mundo. O termo *anestesia* pode se referir tanto a anestesia local quanto a geral. O termo *anestesia* neste capítulo se referirá apenas à anestesia geral.

De acordo com livros didáticos sobre o assunto, a anestesia geral se destina a gerar cinco estados durante a cirurgia:

- Alívio da dor
- Perda de memória do procedimento, mais conhecida como amnésia
- Perda da consciência
- Imobilidade
- Redução das reações nervosas autônomas, o que significa redução dos batimentos cardíacos, respiração mais lenta ou pressão sanguínea mais baixa do que o normal

A fim de tratar apropriadamente de um paciente que está sendo submetido à anestesia, o anestesista o conecta a uma variedade de monitores para observar o ritmo cardíaco e o de respiração e os gases no sangue. A anestesia engloba esforços intensivos para se certificar de que a perda da consciência e o estado de amnésia sejam alcançados e mantidos. Ainda assim, muitas experiências de quase morte são relatadas por pacientes que quase morreram enquanto estavam sob esse manto de anestesia cuidadosamente monitorado.

Que ocorrências de risco de vida podem acontecer sob a anestesia? Às vezes, esses pacientes já estão perto da morte devido a uma doença grave ou lesão que requer cirurgia de emergência e sofrem um ataque cardíaco, ou talvez sejam alérgicos aos medicamentos administrados. Ou a cirurgia pode ter complicações, e o paciente é exposto a uma situação de quase morte.

Tenho ficado surpreso com o grande número de pacientes capazes de relatar EQMs nítidas durante a anestesia. O alto nível de percepção expressado nesses estudos de casos é mais um forte indício de um estado de consciência sobrenatural durante as EQMs que nem mesmo a anestesia pode refrear.

CINCO ESTUDOS DE CASOS: EQMs QUE ACONTECERAM SOB ANESTESIA

Jaime estava sendo submetido a uma cirurgia quando o tubo inserido para a sua respiração ficou obstruído. Posteriormente, os médicos lhe disseram que ele sofrera parada cardiorrespiratória e que tiveram de usar um desfibrilador para ressuscitá-lo. Eis o que aconteceu:

> Agora, tudo de que me lembro é de ter sido anestesiado. A próxima coisa que [soube], eu ainda [estava] de costas. Em princípio, pareceu que havia um vazio, como se eu estivesse de costas, flutuando, e estava escuro como breu, uma escuridão bastante assustadora. Lembro que fiquei colocando as mãos na frente do rosto; não podia vê-las, nem ao meu corpo, mas sabia que estavam lá. Então, comecei a ouvir um hummmm baixo, e foi como estar submerso na água, como quando você está debaixo da água e pode ouvir um ruído abafado, esse tipo de coisa. De qualquer modo, me perguntei por que estava tão escuro. Nada mais importava. Não pude me lembrar de nada anterior a isso — nem da cirurgia, de nada. Foi como se aquela fosse a única coisa em que eu podia pensar.
> Notei, então, que, enquanto estava escuro como breu, tive a sensação de estar num túnel, e ao longo de todo o túnel havia portas, mas pude sentir que o túnel inteiro era como... uma caverna — mais ou menos do tipo rochoso, não rochoso demais, mas liso —, ao menos essa foi a impressão que tive.
> Então, eu me sinto com um pouco mais de medo, do tipo, o que está acontecendo aqui? A sensação foi a de que fiquei assim durante uma hora. A essa altura, então, pude ver um ponto de luz branca diante de mim na distância, do tamanho de uma borracha de lápis — desse

tamanho. Então, senti que comecei a me mover nessa direção... como se algo [estivesse] me puxando para lá; não me sinto como se eu [estivesse] fazendo isso. Nesse momento, eu estava flutuando [numa] posição vertical e, então, indo lentamente na direção daquele ponto de luz. E, então, eu soube que [havia] pequenas portas ao longo de todo o túnel, e senti que... se eu quisesse, [poderia] passar por qualquer uma dessas portas, e tive a sensação, na ocasião, que, se eu o fizesse, eu não voltaria, mas a minha atenção estava na luz.

Num instante, pensei "vovó", e estava instantaneamente na luz. Fiquei dizendo "Você não está morta. Não estou morto, você não está morta". Ela disse "Não, não estou, e você também não está". Minha avó havia morrido três anos antes, mas, naquele momento, não consegui me lembrar disso, apenas que ela não estava morta e que estava tão viva e bem. Ela havia morrido de complicações de afrenia. Ela me convidou para sentar e tomar café, como costumávamos fazer o tempo todo em sua casa. A mesa dela estava lá, as cadeiras. Ela tinha a aparência de quando estava com 30 e poucos anos. Usava um vestido púrpura, como um bonito que ela tinha, florido, com a exceção de que as flores pareciam brilhar com um amarelo fluorescente. Notei, então, que havia uma luz fluorescente que emanava do alto da sala e comecei a me sentir muito bem. Não consigo descrever — amor, ou como na primeira vez em que você beija. Eletricidade. Friozinho no estômago, como a melhor droga. Não sei como descrever isso, a sensação era muito boa.

Em seguida, senti certo pânico porque notei que não havia fonte de luz; simplesmente estava lá. Foi quando ela tocou a minha mão [e] eu notei que olhei para baixo e pude ver a minha mão também. Estava lá, mas parecia branca, quase fluorescente, e ela me disse que estava tudo certo. (Toda essa conversa foi em espanhol, a propósito.) E ela disse, vamos tomar o café. Eu tomei. Mas noto[ei] que não estava quente e não tinha gosto. Estava morno, mas ainda assim havia fumaça saindo dele, como se estivesse quente, mas não estava. É como quando você está doente e não há sabor.

De qualquer modo, digo a ela que nós [a família] pensamos nela todos os dias. Ela declarou que sabia. Ela sabia que nós a amávamos muito e ela nos amava.

Prova nº 4: Consciente de um jeito impossível

Notei, então, que a sala era abobadada, que numa parte, o lado esquerdo daquela sala abobadada, era como uma cortina, e eu vi o meu avô materno espiando por lá, e eu [vi] outra mulher, robusta, baixa, com um longo rabo de cavalo preto. Eu quis dizer alguma coisa, e foi quando a minha avó me falou:

— Você tem de ir; não pode ficar aqui; não é a sua hora.

Eu me senti péssimo; comecei a chorar. Eu lhe disse:

— Mas, vovó, quero ficar aqui.

Eu me sentia tão maravilhosamente bem que não queria ir. Lembro de ter implorado em espanhol:

— Por favor, quero ficar com você. Não quero sair daqui nunca.

Ela disse:

— Você voltará aqui quando for a sua hora; não se preocupe. — Então, falou: — Diga a todos que eu os amo e penso neles o tempo todo.

A essa altura, eu ainda estava dizendo:

— Mas, mas eu quero ficar.

Então, ouvi um estalido alto. Eu me senti como se tivesse sido atingido no peito com uma marreta feita de fogo. Eu me lembro de voltar e engasgar. Eu estava no sistema de suporte de vida — todos os tubos etc. Eu me senti péssimo. Notei que o meu pai estava lá e o resto da família. Não me lembro do que aconteceu em seguida, mas lembro bem de ter dito a ele que eu precisava de um papel. Eu tinha de escrever algo: "Eu vi a vovó".

Cyndi estava passando por uma segunda cirurgia de substituição de válvula do coração num período de seis meses quando teve a experiência que descreveu abaixo. Ela perguntou ao médico se era possível sonhar durante a cirurgia. Quando ele respondeu que não, ela disse "Então, precisamos conversar". Aqui está uma paráfrase do que ela vivenciou:

Durante a minha cirurgia, senti que estava me erguendo do corpo e ficando acima da mesa de operação. O médico me contou mais tarde que mantiveram o meu coração exposto e parado por um longo tempo e que tiveram grande dificuldade em fazer o meu coração começar a bater outra vez. Deve ter sido quando deixei o meu corpo, porque pude ver os médicos tentando, com nervosismo, fazer meu coração voltar a bater. Foi estranho estar tão afastada do meu corpo físico. Fiquei curiosa em relação ao que eles estavam fazendo, mas não preocupada. Então, conforme flutuei mais para longe, vi o meu pai na cabeceira da mesa. Ele olhou para cima, para mim, o que me surpreendeu, porque ele estava morto havia quase um ano agora.

Valerie tinha 17 anos e estava sendo submetida a uma cirurgia. Durante a operação, o coração parou. Aqui está a sua experiência:

Em algum momento durante a cirurgia, atravessei um túnel. Partes da minha vida passaram por mim. Eu havia fechado os olhos com força; lembro de alguém dizendo, abra seus olhos. Eu estava num espaço de puro branco e pude ver salas com espíritos andando ao redor. Comecei a chorar, mas não houve lágrimas. Lembro de ter olhado para as minhas mãos, e elas estavam translúcidas. Então, um anjo apareceu; ele tinha um brilho muito radiante em sua beleza, podia-se notar. Ele me consolou, dizendo-me que eu estava a salvo. Lembro de ter-lhe dito que eu não estava preparada para morrer. Ele disse que sabia disso. Em seguida, apontou para baixo, e eu pude ver os médicos fazendo ressuscitação cardiopulmonar numa garotinha. Não entendendo realmente que era eu, observei a minha operação inteira, reanimação e tudo. Falei a ele que aquilo era tão triste, ela parece tão jovem. Então, ele me disse que eles a estavam trazendo de volta, e eu me senti como se tivesse sido empurrada e atirada de volta naquele corpo dolorido.

Patrícia tinha uma cirurgia de duas horas programada para remover a vesícula biliar. A cirurgia durou oito horas e o coração dela parou duas vezes:

Prova nº 4: Consciente de um jeito impossível

A coisa seguinte de que me dei conta foi que ouvi o médico gritando e os enfermeiros correram de lá para cá. Olhei para a minha direita e vi o médico batendo no meu peito, mas tudo o que pude fazer foi ficar parada lá, até que vi uma luz na parede. Assemelhou-se a um facho de lanterna que foi crescendo, e eu o toquei e fui levada para dentro de um túnel com nuvens girando e rolando ao redor. As nuvens eram cinza, brancas e um tanto esfumaçadas. Eu estava deslizando bem depressa com os braços apenas pendendo. Quando cheguei ao final, a luz se tornou laranja e lá [havia um] homem bastante alto vestindo [um] traje de trabalho cáqui (camisa e calças). Olho(ei) para alé[m] dele e vi flores amarelas e uma grande montanha e um céu azul. O rosto dele era da cor da areia clara, e o cabelo era dourado. Tinha uma expressão das mais bondosas nos olhos. Pude ouvir o silêncio e ver as árvores e quis correr até lá, mas ele me impediu. Ele me virou ao contrário e me enviou de volta pelo túnel com um empurrãozinho gentil, enquanto ouvi o médico dizer, nós a trouxemos. Não houve dor quando voltei ao meu corpo, apenas uma plenitude de algum tipo em torno do meu peito e do estômago.

Christopher estava sendo tratado cirurgicamente de uma grave doença no coração. Estava sob anestesia parcial, chamada de "sedação consciente". Ele estava pesadamente sedado e teve um ataque do coração. Christopher descreve como ficou *mais* consciente após seu ataque cardíaco, uma ocorrência aparentemente impossível:

Descobri recentemente que tenho síndrome de Wolff-Parkinson-White, doença no coração, que causa morte súbita a qualquer momento por causa da via [elétrica] extra no coração. O único meio de se vencer essa doença no coração é por meio de ablação, que é a cirurgia em que o cirurgião remove a via [elétrica] extra do coração. Eu estava sob sedação consciente. Eu me senti sedado a ponto de não saber o que estava acontecendo comigo, mas houve um momento em que tive taquicardia [taquicardia ventricular], onde o coração bate tão acelerado que isso causa um ataque cardíaco. Mesmo sob sedação, senti uma leve dor, mas quando o meu coração começou a apresentar taquicardia [ventricular], uma paz tomou conta de mim. Fiquei totalmente ciente do que havia ao meu redor. Pude sentir a concha do meu corpo, e o meu espírito começou a se elevar; uma extrema paz me dominou. Conforme meu espírito começou a se elevar, o médico me aplicou um choque e mais outro, e o meu espírito parou e voltou ao meu corpo e o estado da [minha] mente voltou a ser sedado. Senti completa paz, nenhuma preocupação com nada, e foi uma das melhores experiências da minha vida.

LÚCIDO E, AINDA ASSIM, INCONSCIENTE

Nos capítulos anteriores, apresentei as respostas às perguntas do estudo da NDERF de 613 pessoas que tiveram EQMs, todas com a pontuação da Escala de EQM de 7 e acima. Para comparar o conteúdo das EQMs ocorridas sob anestesia geral com todas as outras EQMs, usei esse mesmo grupo de 613 participantes.

Esse estudo incluiu 23 pessoas que tiveram EQM que descreveram suas experiências como tendo ocorrido enquanto estiveram sob anestesia geral. Muitos desses relatos descreveram uma parada cardíaca como o acontecimento associado com risco de vida enquanto estavam sob anestesia geral.

Essas EQMs que aconteceram sob anestesia geral foram comparadas com as restantes 590 EQMs no estudo da NDERF por meio da revisão das respostas de ambos os grupos a 33 perguntas da pesquisa que indagavam sobre o conteúdo da EQM. Comparamos as respostas a essas 33 perguntas entre dois grupos usando uma ferramenta estatística chamada teste chi quadrado.

Prova nº 4: Consciente de um jeito impossível

Devido ao grande número de perguntas feitas sobre o conteúdo da EQM, as respostas entre os dois grupos seriam consideradas diferentes apenas se houvesse um número estatisticamente determinado de menos de 1 em 100 de chance de que as diferenças nas respostas pudessem se dever ao acaso. Uma *tendência* em relação a uma diferença estatisticamente significativa foi definida como uma chance de 3 em 100 de que as diferenças nas respostas entre os dois grupos poderiam ser devido ao acaso.

Os resultados: não houve diferenças significativas nas respostas a nenhuma das 33 perguntas da pesquisa entre os dois grupos, com a exceção de que as EQMs associadas com anestesia relataram o encontro de um túnel com mais frequência. Experiências de quase morte descritas como ocorridas sob anestesia geral têm todos os elementos de EQM exatamente como aquelas não ocorridas sob anestesia geral. Notavelmente, os elementos de EQM parecem ocorrer com a mesma frequência, com a exceção da experiência de um túnel, a despeito do fato de a pessoa que teve a EQM ter estado ou não sob anestesia geral na época de sua experiência.

Se a consciência fosse apenas um produto do cérebro físico, faria sentido que as pessoas que têm EQMs sob anestesia geral tivessem menor grau de consciência e vigilância durante sua experiência do que outras pessoas que têm EQMs, certo? Isso é certamente o que seria esperado, mas não é o que o estudo da NDERF encontrou. Uma das perguntas da pesquisa da NDERF é a seguinte: "Como o seu mais elevado nível de consciência e de vigilância durante a experiência se comparam à sua consciência e vigilância normais, cotidianas?" Para as EQMs descritas como ocorridas sob anestesia geral, 83% dos participantes responderam que estiveram "mais conscientes e vigilantes do que o normal" a esse pergunta, comparados a 74% de todas as outras EQMs. As respostas a essa pergunta pelos dois grupos não foram diferentes de maneira estatística significativa.

Esses são resultados incríveis! Tanto a anestesia geral sozinha *como* a parada cardíaca por si só produzem inconsciência sem possibilidade de uma memória lúcida. Recorde nossa discussão anterior de que dez a 20 segundos após uma parada cardíaca o EEG, uma medida da atividade elétrica do cérebro, fica plano, indicando que não existe atividade elétrica cerebral mensurável. A ocorrência de EQMs típicas sob anestesia geral é, portanto, duplamente inexplicável em termos médicos. A descoberta de que as EQMs típicas ocorrem sob anestesia geral está entre a evidência mais forte já apresentada de que a consciência pode existir separadamente do corpo.

Outros pesquisadores de EQM relataram EQMs que acontecem enquanto o paciente está sob anestesia geral. O dr. Bruce Greyson, da Universidade da Virgínia, declara: "Em nossa compilação de EQMs, 127 de 578 casos de EQM (22%) ocorreram sob anestesia geral e abrangeram características como as EFCs que envolveram os que tiveram a EQM observando a equipe médica trabalhando em seu corpo, uma luz atipicamente brilhante ou vívida, o encontro com pessoas falecidas e pensamentos, memórias e sensações que foram mais claras do que o habitual".[1]

SERES MATERIAIS COM ALMA

Sir John Eccles foi um neurocientista ganhador do Prêmio Nobel que estudou a consciência. Ele indicou que a consciência pode realmente existir separadamente do cérebro. Eccles declarou certa vez: "Sustento que o mistério humano é incrivelmente diminuído pelo reducionismo científico, com sua alegação de que o materialismo promissivo é responsável eventualmente por todo o mundo espiritual em termos de padrões da atividade neuronial. Essa crença deve ser classificada como uma superstição... Temos de reconhecer que somos seres espirituais com alma existindo num mundo espiritual como também seres materiais com corpo e cérebro existindo num mundo material".[2]

CÉTICOS: ANESTESIA INSUFICIENTE

Há os céticos, é claro. E os que falam sobre esse assunto afirmam que experiências como essas podem ser apenas o resultado do uso de bem pouca anestesia, que leva à consciência parcial durante a cirurgia.

Dizer isso, é claro, é ignorar as EQMs resultantes de overdose anestésica. E também é ignorar o tipo de experiência relatada por pacientes que, de fato, despertam da anestesia durante a cirurgia. Felizmente, apenas de 1 a 3 em 1.000 pacientes[3] passam por essa "consciência anestésica".

Em vez do tipo de EQMs coerentes que você lê aqui, a consciência anestésica resulta em experiências completamente diferentes. Os que passam pela consciência anestésica relatam, muitas vezes, experiências bastante desagradáveis, dolorosas e assustadoras. Ao contrário das EQMs, que são experiências predominantemente visuais, esse despertar parcial durante a anestesia mais frequentemente envolve experiências breves e fragmentadas que podem incluir a audição, mas em geral não a visão. Eu enfatizo que o despertar parcial durante a anestesia é bastante raro e não deve ser uma causa séria de preocupação em relação a um procedimento anestésico.

Quando as experiências de quase morte ocorrem durante a anestesia geral, há com frequência observações de EFC da cirurgia. Durante essas observações de experiência fora do corpo, as pessoas que têm uma EQM veem tipicamente a sua própria ressuscitação acontecendo na mesa de operação. Esses pacientes não estão vendo a si mesmos com anestesia insuficiente; estão vendo a si mesmos com uma parada cardíaca. O que os pacientes veem confirma que as suas EQMs estão acontecendo na hora de uma ocorrência em que há risco de vida, geralmente uma parada cardíaca.

As experiências de quase morte que ocorrem durante uma parada cardíaca enquanto o paciente está sob anestesia geral são talvez o teste mais rigoroso da possibilidade da consciência que reside fora do corpo. Segundo o pensamento médico convencional, nem uma pessoa sob anestesia nem uma pessoa com uma parada cardíaca deveriam ter uma experiência consciente como a de uma EQM. Ainda assim, o estudo da NDERF encontrou muitas pessoas que tiveram.

Mais de 20 "explicações" diferentes sobre a experiência de quase morte têm sido dadas pelos céticos ao longo dos anos. Se houvesse uma ou até mesmo várias "explicações" sobre EQM que fossem amplamente aceitas como plausíveis pelos céticos, não haveria tantas "explicações" diferentes. A existência de tantas "explicações" sugere que não há nenhuma "explicação" de EQM sobre a qual os céticos cheguem a um consenso como plausível.

Um estudo do dr. Kevin Nelson e colegas sugeriu uma ligação entre a "intrusão" do estado de sono REM e as EQMs.[5] REM é uma abreviação de Rapid Eye Movement (movimento ocular rápido). É comum o sono REM ocorrer como uma parte normal do sono, com frequência em associação com paralisia dos músculos. O sono REM comumente engloba imagens bizarras e assustadoras de sonhos. Se o sono REM ocorre durante uma ocasião de despertar parcial ou completo, a intromissão das imagens desses sonhos no estado de vigília é chamada de intrusão do sono REM. Fui coautor de uma resposta ao ensaio do dr. Nelson na qual apontamos que a intrusão do sono REM e EQMs são experiências muito diferentes. Além disso, a intrusão do sono REM não pode explicar o conteúdo da experiência de quase morte sob circunstâncias em que a intrusão do sono REM não deve ser possível, incluindo as EQMs nos cegos de nascença e EQMs durante anestesia geral.[6]

Neurocientistas como Eccles sugeriram que a nossa consciência talvez possa se separar do nosso corpo físico. Isso o fez refletir não apenas sobre o significado da vida mas também exatamente o que queremos dizer com o conceito de morte. Sabemos o que acontece com o corpo físico quando morre, mas e quanto à alma? Foi uma pergunta que ele nunca conseguiu responder até ficar completamente satisfeito, mas, assim mesmo, comentou a respeito: "Podemos considerar a morte do corpo e do cérebro como a dissolução de nossa existência dualista", disse o ganhador do Prêmio Nobel. "Esperançosamente, a alma liberta encontrará outro futuro ou até significado mais profundo e experiências mais arrebatadoras, talvez em alguma existência corporal renovada".[7]

Não há outra explicação para EQMs ocorrerem sob anestesia além de se aceitar que a plena consciência pode existir separada do corpo físico. Por essa razão, eu as considero uma prova significativa da vida após a morte.

Capítulo 7

PROVA Nº 5: RETROSPECTO PERFEITO

> Life is as tedious as a twice-told tale.
>
> — **William Shakespeare**

Em seguida, exploraremos um elemento especialmente interessante da experiência de quase morte: a *recapitulação de vida*. O que é exatamente uma recapitulação de vida? Não há melhor meio de se responder a essa pergunta do que lendo um estudo da NDERF.

Esta é uma recapitulação de vida de um rapaz chamado Mark. Era passageiro de um jipe que se desgovernou numa estrada coberta de neve perto do lago Tahoe e colidiu com um poste de telefone. Mark ficou gravemente ferido quando imprensado entre o jipe e o poste telefônico. Em decorrência do traumático acidente, ele teve uma experiência completa de quase morte, uma que conteve a maioria dos elementos descritos no início deste livro. Um desses elementos foi uma profunda recapitulação de vida.

Prova nº 5: Retrospecto perfeito

Antes de ler isto, observe que existem certos elementos que são comuns a recapitulações de vida profundas. Por exemplo, Mark vê acontecimentos reais de sua vida como se fossem cenas de um filme sobre si mesmo. Muitas pessoas que passam por uma experiência de quase morte descrevem suas recapitulações de vida usando termos como *filme* e não são imagens bizarras de sonhos. Ele também tem uma reação de empatia com o que está vivenciando outra vez. Essencialmente, é capaz de sentir como fez os outros se sentirem durante certos acontecimentos de sua vida. Ele também chega a várias conclusões sobre sua vida e a vida propriamente dita.

O autoconhecimento que Mark adquiriu por meio de sua EQM ajudou-o a se orientar, de modo que fez importantes mudanças no restante da vida. Agora, Mark pensa na morte de uma maneira diferente. Conforme escreveu no formulário da pesquisa da NDERF: "Toda vida termina na morte... Não é algo a ser temido... Foi Peter Pan quem disse 'Morrer é a maior das aventuras?' Todos vocês farão essa jornada. No momento da morte, deixe o medo e aproveite a jornada".

Eis a recapitulação de vida de Mark:

> Não está claro como começamos, apenas que o resultado dessa primeira mensagem era para que eu começasse a ter uma sensação de sentimentos sobre a minha vida. Foi o proverbial "a vida passando diante dos meus olhos" ou recapitulação de vida, como, desde então, ouvi dizer como é chamado. Eu descreveria isso como uma longa série de sentimentos baseados em numerosas atitudes na minha vida. A diferença foi que não apenas senti as emoções outra vez mas tive uma espécie de empatia em relação aos sentimentos daqueles ao meu redor que foram afetados pelas minhas atitudes. Em outras palavras, também senti o que os outros sentiram sobre a minha vida. O mais arrebatador desses sentimentos veio da minha mãe.

Fui adotado quando bebê. Eu havia sido bastante encrenqueiro. Às vezes, eu machucava outras crianças quando pequeno e, depois, passei a consumir drogas e álcool, roubando, dirigindo feito louco, notas ruins, vandalismo, crueldade com a minha irmã, crueldade com animais — a lista continua. Todas essas atitudes foram revividas concisamente, com os sentimentos associados a elas, tanto os meus mesmos quanto os das partes envolvidas. Mas o mais profundo foi uma estranha sensação que veio da minha mãe. Pude sentir como ela se sentiu ao ouvir sobre a minha morte. Ela ficou de coração partido e com uma imensa dor, mas tudo isso estava mesclado a sentimentos em relação a todos os problemas em que eu estivera. Tive a sensação de que seria uma grande tragédia que essa vida terminasse tão depressa, nunca tendo feito realmente nada de bom. Esse sentimento me deixou com a sensação de ter assuntos por terminar na vida. A dor que senti da parte da minha mãe e dos amigos foi intensa. Apesar da minha vida problemática, eu tinha muitos amigos, e alguns eram próximos. Eu era bastante conhecido, se não popular, e pude sentir muitas coisas ditas sobre a minha vida e morte. O sentimento da dor da minha mãe foi opressivo.

CHANCE DE MUDAR

Recapitulações de vida como a de Mark estão entre os aspectos mais transformativos e poderosos da experiência de quase morte. Graças à sua própria natureza — às vezes uma recapitulação panorâmica, tridimensional de *tudo* que é significativo da pessoa que passa pela EQM —, a recapitulação de vida é considerada uma forma condensada de psicoteraria curativa. "Psicoterapia de Um Minuto", como o dr. Raymond Moody a chamou.[1]

No mínimo, recapitulações de vida contêm fragmentos da vida terrena da pessoa que tem a EQM. Falando em termos gerais, trata-se de indivíduos que passam por uma EQM e que têm, eles próprios, uma recapitulação de vida da perspectiva de uma terceira pessoa. Eles observam a si mesmos interagindo com as pessoas em sua vida. Veem como trataram os demais e, frequentemente, se colocam no lugar do outro, sabendo como essas pessoas se sentiram quando interagiram com elas. Como se pode imaginar, isso pode ser agradável ou não, dependendo do nível de bondade envolvido. Atitudes boas levariam a pessoa que tem a EQM a sentir a bondade dirigida à outra pessoa, ao passo que atitudes más a levariam a sentir a falta de bondade.

Às vezes, um ser espiritual acompanha a pessoa que está tendo a recapitulação de vida. Esse ser pode atuar como um tipo de guia amoroso, avaliando a recapitulação de vida de um plano espiritual mais elevado, enquanto a pessoa que passa pela EQM observa, discutindo as ramificações espirituais dos acontecimentos na vida da pessoa. Os comentários do ser podem ajudar a pessoa que tem a EQM a colocar sua vida na devida perspectiva. Aqueles que têm experiências de quase morte quase nunca descrevem que se sentem julgados de maneira negativa por esse ser espiritual, não importando quanto tenham sido maus até aquele ponto da vida. Pessoas que têm EQM e que reviram muitas de suas atitudes cruéis anteriores manifestam, com frequência, grande alívio pelo fato de não serem julgadas negativamente durante sua EQM.

Quando o dramaturgo George Kaufman disse "Você não pode levar nada consigo", estava se referindo obviamente a coisas materiais. Muitos pesquisadores da experiência de quase morte notaram que uma das principais lições da recapitulação de vida é que o conhecimento e o amor são dois elementos que levamos conosco quando morremos. Em consequência, as recapitulações de vida são frequentemente os elementos mais transformadores da EQM. Os que têm recapitulações de vida intensas tendem a reverenciar tanto o conhecimento quanto o amor após a EQM.

Muitas pessoas que passam por uma EQM dizem que a recapitulação de vida, entre todos os elementos da EQM, foi, de longe, o maior catalisador para mudança. Uma recapitulação de vida permite que a pessoa que tem a EQM reviva a própria vida, com os erros e tudo mais. Ela também lhe dá uma chance de avaliar a si mesma no desempenho de sua própria vida. Muitas coisas que pareceram insignificantes na ocasião — um pequeno gesto de bondade, por exemplo — acabam sendo significativas na própria vida dela e na de outras pessoas. As pessoas se dão conta de que ficaram zangadas por coisas que não eram importantes, ou de que deram importância demais a coisas não tão significativas.

Eis mais dois exemplos de recapitulação de vida da NDERF:

Roger estava retornando da cidade de Quebec com um amigo quando perderam o controle do carro que dirigiam e bateram violentamente de frente em outro veículo. Roger deixou seu corpo imediatamente e viu do alto os acontecimentos em torno do local do acidente. Então, disse Roger:

> Fui para um lugar escuro sem nada ao meu redor, mas não tive medo. Havia, de fato, muita paz lá. Comecei, então, a ver a minha vida inteira se desenrolando diante de mim como um filme projetado numa tela, desde quando era bebê até a vida adulta. Foi tão real! Eu estava olhando para mim mesmo, mas melhor do que num filme 3D, uma vez que também fui capaz de sentir as emoções das pessoas com as quais interagi ao longo dos anos. Pude sentir as emoções boas e ruins pelas quais as fiz passar. Também fui capaz de ver que quanto melhor as fiz sentir, e quanto melhores as emoções que tiveram por minha causa, [mais] crédito (carma) [eu acu-

mularia] e que as [emoções] ruins extrairiam uma parte dele... como numa conta bancária, mas aquilo foi como uma conta de carma, pelo que entendo.

Linda cometeu um erro com um medicamento. Pensando que deveria tomar oito comprimidos de uma vez em lugar de oito ao longo de um dia, conforme receitado pelo médico, Linda desmaiou na cama e, então, apagou.

O que acho interessante nessa EQM que resultou de uma overdose acidental de medicamentos são os fortes elementos de empatia que a experiência contém. Como se pode ver, a recapitulação de vida de Linda está tomada por uma mensagem de carma:

> Vi tudo desde o nascimento até aquele momento em rápida movimentação. Também, enquanto isso acontecia, pude sentir as emoções desses acontecimentos. Também pude sentir alguma dor que causei aos outros. Também senti a bondade que havia dedicado. Deus perguntou se eu estava feliz com o modo como as coisas tinham transcorrido, e eu disse sim. Ele me perguntou como eu me sentia, e eu disse que estava um tanto nervosa. Ele explicou que isso se dava porque durante toda a minha vida eu me senti desse jeito e esse era mais ou menos o motivo para eu não ter lidado com [a vida] adequadamente. Também me foi dito que se o mau superasse o bom você [é] deixado com o mau. Assim, se você foi uma pessoa realmente má, você estaria se sentindo bastante mal durante o seu tempo lá. Alternativamente, se você tivesse dado amor e bondade e sido bondoso e afetuoso, você estaria lá em cima sentindo felicidade pura e bem. Eu não estava sentindo nenhum extremo de malefício, por falta de uma palavra melhor. Eu estava me sentindo feliz, leve, despreocupada, mas um tanto nervosa por dentro, como se tivesse estado no alto de uma colina depressa demais, ou andado de montanha-russa. Mas, no final das contas, o equilíbrio pareceu justo e o bastante para o que haviam acabado de me mostrar. Na maior parte, as coisas boas haviam sobrepujado as ruins.

IMPORTÂNCIA DA RECAPITULAÇÃO

Um estudo das recapitulações de vida foi um dos primeiros projetos de pesquisa da NDERF.[2] Esse estudo foi conduzido por Jody Long, que atua como *webmaster* da fundação. Ela confirmou a importância da recapitulação de vida da pessoa que passa pela EQM ao revisar 319 EQMs de pessoas que apresentaram relatos de casos à NDERF. Jody revisou essas respostas narrativas a partir da pergunta da pesquisa original da NDERF sobre a recapitulação de vida: "Você teve uma recapitulação de acontecimentos passados em sua vida?"

As respostas a essas perguntas sobre recapitulação de vida foram estudadas. Aqui estão elas, juntamente com os resultados:

- Como aconteceu a recapitulação de vida: Quase 26% descreveram como a recapitulação de vida ocorreu. Muitos a descreveram como a reprise de uma peça ou filme ou como se assistissem a ela numa tela.
- Conteúdo da recapitulação de vida: Mais de 21% comentaram sobre o conteúdo da recapitulação de vida. Os que passaram pela EQM geralmente notaram que eram eles próprios que julgavam a si mesmos. Durante o processo, viram o bem e o mal, a causa e o efeito de suas escolhas. Muitos relataram que tiveram mais uma recapitulação de sentimentos do que uma recapitulação de acontecimentos visuais. Alguns disseram que suas recapitulações consistiram em sentir as reações dos outros a suas atitudes terrenas.

A recapitulação de vida ajuda a pessoa que passa pela EQM a entender o seu propósito na vida. E é esse entendimento sobre

Prova nº 5: Retrospecto perfeito

quem ela é que a ajuda a fazer mudanças de vida significativas. Eis alguns exemplos do que as pessoas que tiveram EQMs vivenciaram durante as suas recapitulações de vida.

> Enquanto na luz, tive uma recapitulação de vida e vi tudo que eu... já fiz na minha vida; cada pensamento, palavra, ação, atitude, omissão me foram mostrados.
>
> A recapitulação foi bem rápida, mas pareci compreender tudo facilmente, apesar da rapidez.
>
> Naquele momento, não tenho certeza de exatamente quando, algo ou alguém começou a me fornecer um exame de consciência, e, num piscar de olhos, imagens da minha vida começaram a passar diante de mim, começando pela minha infância. Cada imagem teve a sua contrapartida, como se as atitudes da minha vida estivessem sendo colocadas numa balança.
>
> Tudo o que já pensei, fiz, disse, odiei, ajudei, não ajudei, deveria ter ajudado foi mostrado diante de mim, da multidão de centenas, e de todos como [num] filme. Como fui ruim com as pessoas, como poderia tê-las ajudado, como fui ruim (também não intencionalmente) com os animais! Sim! Até os animais tinham tido sentimentos. Foi horrível. Eu me enchi de vergonha. Vi como as minhas atitudes, ou a falta delas, tiveram um efeito cascata sobre outras pessoas e a vida delas. Foi somente então que entendi como cada pequena decisão ou escolha afeta o mundo. A sensação de ter desapontado o meu Salvador foi real demais. Estranhamente, mesmo durante esse horror, senti uma compaixão, uma aceitação das minhas limitações por Jesus e da multidão de outros.
>
> De repente, na minha mente, da esquerda para a direita, como num filme IMAX, vi todos os momentos bastante importantes da minha vida até o tempo presente. A maioria dos primeiros tempos da minha vida... eu havia esquecido havia muito até que isso aconteceu. Tive sentimentos confusos em relação a isso, mas, na maioria, foi algo repleto de paz.

Vi a minha infância e senti as emoções que as minhas atitudes criaram nos outros. Descobri que muitas das coisas que achava que tinha feito "errado" não foram necessariamente erradas. Também soube de oportunidades de amar os demais que deixei passar. Descobri que, não importando o que me tenham feito, há mais na história do que o meu ego poderia não ver ou entender. Minha vida [mudou] porque eu levo em consideração mais os sentimentos dos outros quando eu ajo.

Se as EQMs são experiências reais, devemos esperar que os acontecimentos vistos em recapitulações de vida realmente aconteceram, mesmo que alguns tenham sido esquecidos. De modo inverso, se as EQMs não são reais, podemos esperar que haja erro significativo em seu conteúdo e talvez até aspectos alucinatórios.

Para explorar o teor de realismo da recapitulação de vida, a NDERF estudou a realidade do conteúdo das recapitulações de vida em EQMs. Como parte desse estudo, procuramos qualquer conteúdo nas narrativas de recapitulações de vida que parecesse irreal. Se conteúdo irreal não foi encontrado nunca ou, então, apenas raramente, chegamos ao consenso de que o conteúdo das recapitulações de vida como um todo poderia ser considerado real.

Para ajudar a determinar o teor de realismo do conteúdo das recapitulações de vida, estudei as mesmas 617 EQMs que foram abordadas no capítulo 4, onde revisei essas EQMs para determinar a exatidão das observações fora do corpo. Para cada EQM com uma recapitulação de vida, perguntei: "Há alguma razão para duvidar, tanto para você pessoalmente quanto para a pessoa que teve a experiência, de que quaisquer partes do conteúdo das cenas do passado vivido [por essa pessoa] não foram reais?" Se *quaisquer* partes da recapitulação de vida pareceram conter observações de aspecto irreal, tanto a mim quanto às pessoas que tiveram a EQM, esse caso foi classificado na categoria "irreal".

Um total de 617 EQMs foi estudado. Uma recapitulação de vida foi descrita em 88 EQMs (14%). Os resultados desse estudo foram convincentes. *Nenhuma* das recapitulações de vida possuía conteúdo considerado irreal, nem pelas pessoas que tiveram a EQM nem por mim.

As pessoas que tiveram experiências de quase morte ficaram frequentemente impressionadas com o fato de suas recapitulações de vida conterem detalhes reais de sua vida que haviam esquecido muito tempo antes. Por exemplo, um homem estava dormindo no banco de trás de um carro quando o motorista bateu na traseira de um caminhão. Ele passou do sono a uma jornada para encontrar um agrupamento de seres. Eis a maneira como ele a descreve:

> A sensação foi a de um pedaço de metal sendo atraído por um ímã. A emoção foi arrebatadora, com amor incrível associado com o efeito magnético. Senti que sempre os conheci [os seres], mas, quando me aproximei de um ser, não tive certeza de quem era. Saí e retornei ao meu corpo, o que pareceu como se eu estivesse vestindo roupas sujas.

Ele, então, recebeu uma recapitulação de vida na qual:

> tudo na minha vida, incluindo os detalhes esquecidos há muito tempo, fez sentido.

Lisa disse sobre a sua recapitulação de vida:

> O ser de luz sabia tudo a meu respeito. Ele sabia tudo o que já pensei, disse, ou fiz, e me mostrou minha vida inteira num lampejo de um instante. Foram-me mostrados todos os detalhes da minha vida, aquela que eu já havia vivido, e tudo o que estaria por vir se eu retornasse à terra. Estava tudo lá ao mesmo tempo, todos os detalhes de

todas as relações de causa e efeito da minha vida, tudo que foi bom ou negativo, todos os efeitos que a minha vida na terra teve sobre os outros e todos os efeitos que a vida dos outros que me conheceram teve em mim.

O estudo da NDERF deixa claro que os acontecimentos vistos na recapitulação de vida das pessoas que têm uma EQM são reais. Nossa descoberta de que as EQMs contêm coerentemente recapitulações de vida reais é mais uma evidência forte da realidade das experiências de quase morte.

CÉTICOS: MECANISMO DE DEFESA OU CURTO-CIRCUITO

Os céticos propuseram explicações alternativas para as recapitulações de vida. As duas principais explicações alternativas são:

1. a recapitulação de vida é um mecanismo de defesa psicológico e
2. a recapitulação de vida resulta da produção do cérebro que está morrendo de descargas elétricas na parte do cérebro responsável pelas lembranças.

Nenhuma dessas explicações alternativas se mantém firme sob um exame minucioso.

A dra. Susan Blackmore, uma das principais céticas no tocante às EQMs, atribuiu a recapitulação de vida a um mecanismo de defesa psicológico na ocasião de um acontecimento que ameaça a vida, o qual envolve um retiro para um momento atemporal de lembranças anteriores, agradáveis.[3] A explicação parece plausível, mas só até que se comece a encontrar lembranças de

EQM que *não* são agradáveis. Tal conteúdo não seria de se esperar se a recapitulação de vida fosse apenas uma fuga psicológica prazerosa de circunstâncias desagradáveis.

Foram relatadas muitas EQMs nas quais o acontecimento de ameaça à vida foi repentino, inesperado e ocorreu com inconsciência imediata, como, por exemplo, um acidente de carro imprevisto. As EQMs fariam a inconsciência se dar tão depressa que um mecanismo de defesa psicológico não teria tempo para se desenvolver.

E também há as EQMs e subsequentes recapitulações de vida que ocorrem sob anestesia geral. Nenhuma teoria consegue explicar EQMs que ocorrem sob anestesia geral porque os que têm a EQM não deveriam ter percepção alguma.

A segunda argumentação dos céticos é a de que a recapitulação de vida é apenas o produto de um cérebro que está morrendo, que está produzindo descargas elétricas nos centros de memória do cérebro. Susan escreveu o seguinte na revista *Skeptical Inquirer*: "A experiência de ver trechos de sua vida passando rapidamente diante de você não é realmente tão misteriosa quanto parece em princípio. Já é de conhecimento há muito tempo que o estímulo de células no lobo temporal do cérebro pode produzir experiências instantâneas que parecem como a recapitulação de lembranças. Também, a epilepsia do lobo temporal pode produzir experiências semelhantes, e tais crises epilépticas podem envolver outras estruturas límbicas do cérebro, como a amígdala e o hipocampo, os quais estão associados com a memória".[4]

Isso é realmente verdade? Examinemos primeiro a afirmação de que o estímulo do cérebro é capaz de produzir lembranças anteriores, semelhantes às recapitulações de vida nas EQMs, ou qualquer outro elemento das experiências de quase morte. O "estímulo" do cérebro refere-se ao estímulo elétrico do cérebro, que pode ser feito como parte de um procedimento neurocirúrgico especializado. O cérebro não possui nervos de dor sensorial em si e, portanto, o procedimento é, em geral, sem dor. Os estudos de estímulo elétrico do cérebro do neurocirurgião dr. Wilder Penfield são citados, com frequência, pelos céticos como reproduzindo muitos dos elementos das experiências de quase morte, incluindo as recapitulações de vida. A renomada pesquisadora de EQM dra. Emily Williams Kelly e seus colegas pesquisadores, dr. Bruce Greyson e Edward F. Kelly, PhD, revisaram os relatórios publicados do dr. Penfield sobre o estímulo elétrico do cérebro e descobriram o seguinte:

> A maioria das experiências que Penfield relatou tinha, na verdade, bem pouca semelhança com EQMs verdadeiras. Consistiam em se ouvir trechos de música ou canto; ver cenas isoladas e repetitivas que pareciam familiares e *podem* [ênfase acrescentada] ter sido lembranças fragmentadas; ouvir vozes; sentir medo ou outras emoções negativas; ou ver imagens bizarras que foram, com frequência, descritas como semelhantes aos sonhos.[5]

Há outros que relataram as experiências de seus pacientes submetidos a procedimentos semelhantes aos usados pelo dr. Penfield, incluindo estímulo elétrico dos lobos temporais do cérebro. Os drs. Kelly, Greyson e Kelly, comentando sobre esses estudos posteriores de estímulo elétrico do cérebro, continuam:

> Estudos subsequentes encontraram fenômenos experimentais semelhantes, especialmente medo ou ansiedade e experiências fragmentadas, distorcidas, bastante *diferentes* dos fenômenos da EQM.[6]

Estudos mais recentes do dr. Olaf Blank e colegas sugerem que eles foram capazes de produzir experiências do tipo EFC com estímulo elétrico do cérebro.[7,8] A primeira paciente que relataram descreveu uma suposta EFC que envolveu ver a si mesma do alto, mas apenas a parte inferior do tronco e as pernas. Ela relatou distorções visuais, o que incluiu ver as pernas encurtando e se movendo na direção do rosto. Esse tipo de EFC com visualização parcial do corpo e características alucinatórias essencialmente nunca é relatado em experiências fora do corpo que ocorrem durante experiências de quase morte. Fui coautor de um ensaio que documentou outras discrepâncias entre o relato de Blanke e EFCs verdadeiras.[9]

Susan Blackmore e outros céticos têm alegado que crises epilépticas, especialmente aquelas associados com a epilepsia do lobo temporal, podem produzir experiências semelhantes a recapitulações de vida ou a outros elementos da EQM. Entretanto, evidências indicam que isso não é verdade. Como o neurologista dr. Ernst Rodin declarou:

> Apesar de ter visto centenas de pacientes com crises epilépticas do lobo temporal durante três décadas de vida profissional, nunca encontrei aquela sintomatologia [das EQMs] como parte de uma crise epiléptica.[10]

Outros pesquisadores documentaram que as experiências produzidas por estímulo elétrico do cérebro ou crises epilépticas são quase sempre diferentes de quaisquer elementos de experiências de quase morte.[11] Na NDERF, temos relatos de casos de epilépticos que tiveram crises frequentes mas nenhuma experiência de quase morte, até que uma crise epiléptica excepcionalmente grave se tornou uma ocorrência de ameaça à vida.

O melhor indício aponta para a conclusão de que o estímulo elétrico do cérebro e crises epilépticas não reproduzem coerentemente *nenhum* elemento da EQM. O argumento dos céticos de que as EQMs estão, de algum modo, relacionadas a descargas elétricas no cérebro ou a crises epilépticas precisa ser relegado à condição de lenda urbana.

Recapitulações de vida precisas e transformadoras são um marco das EQMs e apontam para uma realidade para além do que conhecemos da nossa existência terrena. Elas fornecem importantes evidências para a realidade da vida após a morte.

Capítulo 8

PROVA Nº 6: REUNIÃO DE FAMÍLIA

> Toda partida é uma forma de morte, assim como
> toda reunião é uma espécie de paraíso.
>
> **— Tryon Edwards**

Muitas experiências de quase morte das pessoas descrevem reuniões dramáticas e alegres com pessoas conhecidas delas que morreram bem antes de suas experiências de quase morte acontecerem.

"VENHA ATÉ AQUI; É BOM ESTAR AQUI"

Uma dessas histórias foi relatada por uma finlandesa chamada Anitta, que teve uma parada cardíaca. Anitta descobriu-se subindo depressa por um túnel na direção de uma luz brilhante. "Alguém" a pegou pelo braço e a fez sentir-se em paz. A vida de Anitta voltou até ela, "como um filme". Conforme Anitta relatou no *site* da NDERF:

> Então, vi o meu pai, exatamente como era quando vivo, e ele me disse: "Venha até aqui; é bom estar aqui". Eu quis correr até ele, mas

não pude porque havia uma barreira entre nós. Não consigo descrever a barreira. Era como uma parede através da qual eu pudesse ver. Então, ouvi uma voz misteriosa que parecia estar em toda parte, perguntando "Quem?" Eles queriam dizer a minha identidade. E, então, [vieram] as palavras: "ainda não".

...Então, fui obrigada a voltar, o que eu não queria, porque tinha uma sensação tão boa lá. Mais uma vez, eu estava no túnel, retornando bem depressa e, ao mesmo tempo, a dor no meu corpo voltou. Eu havia gritado "Não, não" quando estava recobrando a consciência. Durante vários dias depois disso, tive uma sensação estranha, [do tipo], onde estou? E senti muito a falta do meu pai, a quem eu tinha visto.

POR QUE VER É ACREDITAR

Essa pessoa que passou por uma EQM, Anitta, teve uma experiência que é representativa daquelas no estudo da NDERF que encontraram parentes ou amigos falecidos durante a sua experiência de quase morte.

Por que ver parentes ou amigos falecidos deve ser prova de vida após a morte? Porque se as EQMs fossem apenas um produto da função cerebral seria de esperar que seres encontrados durante a EQM fossem os mais recentemente familiares à pessoa que tem a EQM. Em outras palavras, seria de esperar que as pessoas que têm uma EQM vissem mais provavelmente pessoas das quais se recordam de sua memória recente, tais como membros da equipe de resgate ou do pronto-socorro que as ajudaram, ou o caixa do banco com quem falaram ao fazer uma transação pouco antes de serem atingidas por um carro. Em vez disso, veem amigos e parentes que morreram, em muitos casos pessoas nas quais não pensavam havia anos ou até décadas.

A porcentagem de indivíduos falecidos vistos durante as EQMs, especialmente parentes de sangue falecidos, é tão alta que acredito que os encontros com entes amados mortos não são produto casual de um cérebro amedrontado, confuso ou que está morrendo, mas, ao contrário, são uma forte linha de evidências da realidade das experiências de quase morte.

Um estudo que melhor ilustra isso foi conduzido em 2001 por Emily Williams Kelly, PhD, do departamento de medicina psiquiátrica da Universidade da Virgínia.[1] Ela comparou 74 indivíduos que passaram por EQMs e que tiveram encontros com falecidos durante sua EQM com 200 indivíduos que passaram por EQMs que não tiveram percepção alguma de pessoas falecidas.

O estudo Kelly descobriu que 95% das pessoas falecidas encontradas eram parentes, ao passo que apenas 5% eram amigos ou conhecidos. Apenas 4% dos participantes do estudo encontraram seres que estavam vivos na ocasião da EQM. Outros estudos demonstraram que em sonhos ou alucinações é bem mais provável que os seres encontrados sejam pessoas que ainda estão vivas.

Como parte do estudo da NDERF, revisei EQMs que descreveram encontros com indivíduos conhecidos da vida terrena das pessoas que tiveram a EQM. Para essa parte do estudo, revisei o mesmo grupo de 617 EQMs que abordamos nos capítulos 4 e 7. Essa revisão excluiu pessoas vivas vistas pelo indivíduo que teve a EQM apenas durante observações fora do corpo de acontecimentos terrenos e seres conhecidos vistos apenas durante recapitulações de vida.

Em nosso grupo de estudo, 97 EQMs, ou 16%, descreveram o encontro com um ou mais seres que lhe eram conhecidos de sua vida terrena. Dessas 97 EQMs, 13 foram excluídas de análise posterior porque os seres encontrados não foram descritos como vivos ou mortos na ocasião das EQMs. A maioria dessas EQMs excluídas descrevia avós e, com menos frequência, pais. Com essas informações, e do contexto das narrativas de EQM, é provável que a grande maioria — e possivelmente todos — dos seres encontrados nessas 13 EQMs estivessem mortos na ocasião das EQMs. Houve 84 EQMs em que os seres encontrados foram descritos como vivos ou falecidos na ocasião das EQMs. Dessas 84 EQMs, houve apenas três (4%) em que os seres encontrados estavam decididamente vivos na ocasião das EQMs. Em todas as três dessas EQMs, apenas um indivíduo conhecido da pessoa que teve a EQM de sua vida terrena estava presente. Dois desses indivíduos eram o pai de cada participante e um era um médico. Essa porcentagem notavelmente baixa de pessoas vivas encontradas durante a EQM tem coerência com as descobertas do estudo Kelly e é forte evidência adicional da realidade das EQMs e da existência da vida após a morte.

No grupo de estudo de 617 EQMs, houve 91 EQMs que descreveram o encontro com seres conhecidos dos participantes de sua vida terrena e que também indicaram se essas pessoas eram membros diretos da família ou amigos. Dessas 91 EQMs, 74 (81%) encontraram apenas parentes e sete (8%) encontraram tanto parentes quanto amigos. A descoberta de uma preponderância de parentes falecidos durante as EQMs é semelhante ao que Kelly descobriu em seu estudo.

"CONVERSANDO POR TELEPATIA"

Uma das mais extraordinárias EQMs partilhadas com a NDERF que envolveram encontros com parentes falecidos surgiu de Brian, que nasceu completamente surdo. Quando garoto, ele quase se afogou. Aqui está a descrição de Brian do encontro com membros falecidos de sua família.

> Eu me aproximei da barreira. Nenhuma explicação foi necessária para que eu entendesse, aos 10 anos de idade, que, uma vez que eu atravessar[sse] a barreira, nunca mais poderia voltar — ponto final. Eu estava entusiasmado demais para atravessá-la. Tinha a intenção de atravessá-la, mas os meus ancestrais junto à outra barreira chamaram a minha atenção. Estavam conversando por telepatia, o que chamou a minha atenção. Nasci totalmente surdo e todos os membros da família ouviam, sendo que também sabiam a linguagem de sinais! Pude entender ou me comunicar com cerca de 20 ancestrais meus e com outros por meio de métodos telepáticos. Isso me maravilhou. Não pude acreditar na quantidade de pessoas com as quais consegui me comunicar por telepatia simultaneamente.

Brian nasceu totalmente surdo e, portanto, a comunicação podia acontecer apenas por meio da linguagem de sinais, leitura de lábios ou outras formas visuais de comunicação. A surpreendente EQM de Brian envolveu comunicação como nenhuma que já encontrara — telepatia. É esse tipo de comunicação, a propósito, que acontece durante quase todas as experiências de quase morte nas quais a comunicação é descrita. Que seja do meu conhecimento, a EQM de Brian é a primeira já relatada de um indivíduo que nasceu completamente surdo.

Aqui estão vários exemplos daqueles que encontraram falecidos durante suas EQMs. Estou incluindo esses outros exemplos para mostrar a notável coerência desse elemento.

Christine estava recebendo quimioterapia para o tratamento de leucemia e se encontrava em seu apartamento. Como um raro efeito colateral, um dos medicamentos da quimioterapia fez com que seus batimentos cardíacos ficassem perigosamente irregulares. Conforme isso aconteceu, ela teve a seguinte experiência:

A primeira cena de que me lembro foi que eu me encontrava no quarto do meu apartamento (onde o meu corpo estava deitado). A luz do teto estava acesa, e o meu corpo estava deitado perto do lado direito da cama. Eu me achava do lado esquerdo da cama, não acima no ar ainda, nem no chão também. Vi várias pessoas se ajoelhando em torno do meu corpo e, portanto, não podia nem sequer ver realmente a mim mesma. As pessoas usavam roupas escuras e, assim, presumo que eram policiais. Acho que vi uma pessoa de camisa branca (da equipe médica?). Enquanto observava o "acontecimento", eu estava com dois dos meus parentes falecidos: a prima do meu avô, tia Kate (que era mais como se fosse uma avó para mim), e o meu tio Harry. Na vida, esses eram realmente os dois únicos membros da minha família (além da minha mãe) dos quais eu era próxima. Eu os amava muito, muito. Não me lembro de nenhuma emoção forte em absoluto durante a EQM. Na verdade, eu me senti quase emocionalmente distante do que estava acontecendo. Não fiquei enlevada, não fiquei com medo nem com raiva etc. Apenas em paz, calma e... tomada por aceitação. Mas eu "sabia" porque Kate e Harry estavam lá. Eu sabia que eles me levariam a algum lugar.

Peter tinha 6 anos quando se cortou com tamanha gravidade que "sangrou até a morte".

> Então, olhei para a minha esquerda e vi a minha avó que havia morrido quando eu tinha 9 meses de idade. Também vi todos os meus parentes mortos com ela, milhares deles. Eles estavam numa forma translúcida de espírito.

Bob caiu de um prédio e se estatelou três andares abaixo. Sofreu ferimentos múltiplos, inclusive uma lesão cerebral. Durante sua EQM, encontrou muitos parentes falecidos:

> Meus parentes (todos falecidos) estavam lá, todos no auge da vida. Estavam vestidos, eu diria, ao estilo da década de 1940, que teriam sido

Prova nº 6: Reunião de família

os anos de auge para a maioria. Parentes sobre os quais eu sabia, como os meus avós, mas não havia conhecido em vida estavam lá, como também os tios/tias que faleceram antes que eu os conhecesse.

Às vezes, pessoas que têm EQM encontram seres que acreditam estar vivos na ocasião de sua EQM e acabam descobrindo que, na verdade, haviam falecido. Eis um exemplo do que estou falando. O coração de Douglas parou. Tiveram de lhe aplicar o desfibrilador 12 vezes. Aqui está sua história:

> Agora, enquanto tudo isso acontecia, a 320 quilômetros de distância, meu avô teve um ataque cardíaco ao mesmo tempo. Ambos fomos mantidos vivos ao longo da noite, mas, na manhã seguinte, ambos tivemos um ataque cardíaco outra vez. Nesse momento, tive a minha EQM. Não houve nenhum túnel de luz do qual ouço tanto falar; era apenas uma extensão de luz branca.
> Na distância, à minha direita, havia o que parecia ser a sombra de um grande carvalho com um grande grupo de pessoas paradas debaixo dele. Conforme me aproximei desse grupo, reconheci as pessoas paradas diante do grupo, como a minha avó, meu tio-avô Glenn, minha tia-avó Lala, minha tia-avó Wanda, o marido dela, Lee, uma mulher que foi como uma avó para a minha irmã e para mim e, então, um grupo de pessoas que achei que conhecia, mas, naquela ocasião, não consegui dar nomes aos rostos. Tentei falar com eles, mas tudo o que me diziam é: "Não estamos esperando você; vá para casa".
> Então, a última coisa de que me lembro vindo desse lado foi a voz do meu avô. Eu não o vi; apenas ouvi a voz dele dizer: "Você é o garoto mais sortudo que conheço".
> Então, três dias depois, despertei no hospital com a minha mãe e irmã junto à minha cama. Minha mãe diz que a minha primeira pergunta foi sobre a peça em que eu estava trabalhando na época, e a minha segunda pergunta foi sobre o meu avô... Meu avô [havia] morrido ao mesmo tempo a 320 quilômetros de distância.

Como outro exemplo, quando uma criança que chamaremos de Sandra tinha 5 anos, ela contraiu encefalite e perdeu a consciência. Foi então que encontrou seu vizinho. Eis uma paráfrase de sua história, que ela partilhou com o *site* da NDERF:

> Enquanto eu estava inconsciente, um amigo idoso da família apareceu para mim e disse "Vá para casa agora mesmo". Não soube realmente o que ele quis dizer. Eu estava fora do meu corpo quando ele apareceu, e voltei imediatamente para o meu corpo. Não demorou e eu abri os olhos; minha família estava lá, sorrindo com grande alívio pelo fato de eu ter recobrado a consciência. Quando contei que tinha visto o nosso amigo e que ele insistiu que eu fosse para casa, eles me olharam com grande preocupação. Um dia depois que eu fui para o hospital, nosso amigo havia morrido de um ataque do coração. Eu só soube que ele havia morrido depois que contei a minha experiência aos meus pais.

Posteriormente, durante essa mesma experiência, Sandra encontrou uma irmã, que havia morrido antes de ela ter nascido e que ela não sabia que tinha. Alguns dias depois que se recobrou, Sandra estava fazendo um desenho da menina que tinha encontrado durante seu coma. Quando contou aos pais o que estava desenhando, eles ficaram lívidos e deixaram o quarto. Mais tarde, voltaram e lhe contaram sobre a irmã que ela nunca soube que tivera, que fora atingida por um carro e morrera antes de Sandra ter nascido.

ALEGRES E JOVIAIS

Como você pode ter notado, encontros com os entes queridos falecidos são quase sempre reuniões alegres, não horrendas como o que pode ser visto num filme de fantasmas. Também, embora muitas pessoas amadas falecidas já fossem idosas antes da morte e, às vezes, desfiguradas por artrite ou por outras doenças crônicas, os falecidos na experiência de quase morte são virtualmente sempre a imagem da saúde perfeita e podem parecer mais jovens — até décadas mais jovens — do que eram na época da morte. Aqueles que morreram como crianças bem pequenas podem parecer mais velhos. Mas, mesmo que o falecido pareça de uma idade bem diferente da que tinha quando morreu, a pessoa que tem a EQM ainda a reconhece.

Em sua experiência de quase morte, as pessoas podem encontrar um ser que parece familiar, mas cuja identidade lhe é desconhecida durante a EQM. Mais tarde, a pessoa que passa pela EQM pode descobrir a identidade desse ser familiar, mas desconhecido, por exemplo, ao olhar antigas fotografias de família.[2] Na maior parte do tempo, esses seres desconhecidos mas de ar familiar acabam sendo membros da família do passado. Acabamos de ver um exemplo disso de Sandra, que encontrou durante a sua EQM uma irmã que não sabia que tinha. A seguir, outro exemplo do *site* da NDERF, referente a uma mulher que chamaremos de Missy.

Missy sofreu traumatismo craniano num acidente de automóvel. Embora tenha apresentado perda de memória, Missy se lembra bem de ter seguido por um túnel e de ter visto a irmã. Eis uma paráfrase de sua história:

> Vi uma criança que reconheci como uma irmã minha que havia morrido num incêndio. Eu tinha apenas 1 ano ou pouco mais quando ela morreu, mas eu soube que era ela. Ela tinha uma forte semelhança de família. Bem mais tarde, quando eu estava mais velha, confirmei que era a minha irmã quando vi fotos dela no álbum de fotos da família.

SERES MÍSTICOS

Às vezes, as pessoas que passam por uma EQM encontram seres que não lhe são familiares; muitos desses seres encontrados pelos participantes do estudo da NDERF tinham um aspecto místico. Apesar de não terem um ar familiar, esses seres místicos foram geralmente descritos como bastante amorosos em sua interação com as pessoas que tiveram a EQM. À pergunta "Você pareceu encontrar um ser ou presença místicos?", os participantes responderam com 49,9% selecionando "Decididamente um ser, ou voz claramente de origem mística ou de outro mundo", enquanto 9,8% escolheram "Voz não identificável" e 40,3% escolheram "Nenhum dos dois". Em seguida, temos alguns exemplos dos seres místicos que eles encontraram.

Jonathan foi informado de que tinha apenas 1% de chance de sobreviver a uma cirurgia no esôfago.

> [Eu] lembro de estar a cerca de 3 metros de altura e a 3 metros da lateral do meu corpo na mesa [de operações]. Uma pessoa estava parada ao meu lado, mas não olhei para ela. Não tive medo, nem perguntas a fazer; apenas observei. Em torno da mesa, havia pelo menos uma dúzia de enfermeiros e médicos. Mas o que foi bastante emocionante foi a presença de pessoas [cintilantes] que posso apenas descrever como anjos. Cada anjo guiava as mãos da pessoa da equipe ao lado da qual estava parado. Não ouvi barulho algum, nenhuma voz nem música. Tudo estava placidamente quieto. Não me lembro de detalhes específicos demais, como quais instrumentos foram usados ou a exata posição do meu corpo, mas apenas porque estava concentrado demais nos anjos que guiavam os membros da equipe em tudo o que faziam, desde caminhar até o uso dos instrumentos dentro da cavidade do meu peito. Mesmo após a operação, ainda senti uma paz incomum e nenhum medo. O médico disse que foi a melhor operação que já havia feito — não houve problema algum — e ele ficou impressionado com o meu ritmo de recuperação.

Andrew sofreu uma reação alérgica que o deixou inconsciente. Escreveu:

> Tive ciência de outra pessoa ou ser; era feminina e ela falou comigo. Foi a sensação de presença, não realmente ver. Ela me disse que tudo ficaria bem e que [quando eu pensasse em ter tanto conhecimento], eu saberia os segredos do universo.

Jesse teve uma overdose devido a uma mistura de heroína e cocaína, chamando isso de "uma morte instantânea". Durante sua EQM,

> Encontrei um ser repleto de amor, alegria, paciência, compaixão, que conhecia os meus pensamentos e sabia tudo o que eu já havia feito nesta vida e além! Ele também sabia e se lembrou de quem eu sou!

Um homem que chamaremos de Leonard teve um ataque do coração. Ele descreveu visão de 360 graus enquanto observava os esforços frenéticos para o ressuscitarem:

> Do outro lado, a comunicação é feita por telepatia (através de transferência). Devo dizer que Deus tem um fantástico senso de humor; nunca ri tanto em minha vida!

Durante uma experiência de quase morte, esses seres místicos podem ser percebidos ou ouvidos, mas não realmente vistos. Quando seres místicos são vistos, sua aparência é variável. Alguns no estudo da NDERF descreveram esses seres como anjos. Eles geralmente não têm asas. Em vez disso, podem parecer semelhantes a seres terrenos, ou podem ser descritos como seres de luz, sem traços facilmente definíveis.

A comunicação com esses seres místicos, como com pessoas falecidas conhecidas, é quase sempre telepática. Seres místicos podem estar presentes a qualquer momento durante a EQM. Muitas vezes, estão presentes num momento de discussão perto do final da EQM.

As conclusões do estudo da NDERF — as de que as pessoas que passam por uma EQM veem parentes e amigos falecidos durante sua experiência — são endossadas pelo estudo previamente citado de Emily Williams Kelly. Conforme visto, a pesquisa dela descobriu que 95% dos indivíduos falecidos encontraram parentes e que em apenas 5% dos casos foram amigos e conhecidos. A idade da pessoa que teve a EQM não fez diferença alguma na questão de encontrarem ou não um ser falecido. Se os parentes falecidos encontrados durantes as EQMs fossem apenas produto de memória terrena, seria de esperar que indivíduos mais velhos, que teriam testemunhado mais mortes de pessoas conhecidas ao longo da vida, encontrassem mais parentes falecidos. Entretanto, não foi isso que o estudo Kelly descobriu.

Talvez também fosse esperado que as pessoas que têm uma EQM encontrassem indivíduos falecidos dos quais eram emocionalmente próximas. Novamente, porém, o estudo Kelly reservou uma surpresa. Para 32% das pessoas falecidas encontradas, as pessoas que passaram por uma EQM eram emocionalmente neutras ou distantes dos seres ou não os haviam conhecido anteriormente. Os participantes do estudo comentaram com frequência que os indivíduos que encontraram foram completamente inesperados.[3]

"A FAIXA ILUMINADA PELAS ESTRELAS"

Nenhum argumento dos céticos pode explicar a esmagadora porcentagem das pessoas falecidas encontradas durante EQMs, especialmente considerando-se que seres vivos teriam bem maior probabilidade de ocupar um lugar na memória recente da pessoa que tem a EQM. Indivíduos que passam por experiências de quase morte geralmente não estão pensando nos falecidos na ocasião de suas EQMs, de qualquer modo. Ainda assim, pessoas que morreram anos ou décadas antes são normalmente encontradas. A sugestão dos céticos de que as pessoas que têm a EQM esperam ver as pessoas falecidas não pode explicar EQMs em que a pessoa que a tem nunca conheceu o falecido ou nem sequer sabia que a pessoa estava falecida na ocasião da EQM.

As descobertas do estudo da NDERF e de outros estão em conformidade com o que as próprias pessoas que têm a EQM geralmente acreditam: são reunidas brevemente com parentes e amigos falecidos quando se aventuram até o outro lado.

A reunião com nossos entes queridos perdidos é a realidade — não apenas uma esperança — da EQM. Como Mark Twain disse: "A morte é a faixa iluminada pelas estrelas entre o companheirismo de ontem e a reunião de amanhã". Foram as histórias convincentes compiladas no *site* da NDERF que me levaram a acreditar que essas reuniões são reais e forte evidência da vida após a morte.

Capítulo 9

PROVA Nº 7: DA BOCA DOS BEBÊS

> A vida, como uma criança, ri, balançando seu chocalho de morte enquanto corre.
>
> — **Poeta indiano Rabindranath Tagore**

Céticos sugeriram que Oprah criou a experiência de quase morte. Dizem isso com ironia, é claro (ou acho que sim). O que estão sugerindo em tom de gracejo é que Oprah e outros ícones da cultura popularizaram a experiência de quase morte a tal ponto que pessoas alegam ter EQMs, mas que, na realidade, não as têm. Ter EQMs é sinônimo de popularidade, declaram os céticos, e as pessoas chegam a quaisquer extremos para a conseguirem.

Francamente, as EQMs inventadas são mais raras do que os céticos fariam você acreditar. Encontrei menos de dez EQMs relatadas no formulário de pesquisa do *site* da NDERF que eram indubitavelmente inventadas — das 1.300 EQMs partilhadas no *site* da NDERF. Mas, ainda assim, as perguntas dos céticos permanecem: A nossa cultura ficou tão acostumada às experiências de quase morte que as pessoas agora estão floreando suas experiências? Ou, pior, elas as estão inventando por completo?

A resposta curta a essas perguntas é não. O fato de que as EQMs têm sido o assunto de muitos programas na televisão e o tema de uns poucos filmes não significa que as pessoas agora fingem ter EQMs.

Ainda assim, há os céticos. Carol Zaleski, uma teóloga formada em Harvard, descreve as EQMs como produto de "imaginação religiosa".[1] *The Skeptic's Dictionary (O Dicionário dos Céticos)* diz: "As histórias de EQM são, agora, conhecidas do grande público. Desse modo, quando novas histórias são contadas sobre ir até a luz etc., há de se ter a preocupação de que essas histórias possam ter sido contaminadas. Elas podem refletir o que as pessoas ouviram ou o que esperam".[2] E, no extremo oposto do ceticismo, existem aqueles que acham que as EQMs são obras de Satã.

Pessoalmente, acredito que todos os acima estão errados. Se me perguntarem por quê, tenho muitas respostas, e uma delas é: "As crianças me contaram".

É por meio das crianças pequenas que podemos ajudar a determinar se as EQMs são apenas um fenômeno inventado. E é por intermédio das crianças bem pequenas que podemos ajudar a provar de uma vez por todas que EQMs são acontecimentos naturais, não histórias inventadas ou influenciadas por algum programa de televisão.

Vejamos alguns dos dados do estudo da NDERF para ver de que maneira as EQMs de crianças bem pequenas estão relacionadas com o assunto das EQMs como um todo. Para fins de classificação, refiro-me a crianças de 5 anos de idade e mais novas como "crianças bem pequenas". A maioria das crianças de 5 anos ainda não começou o ensino fundamental, onde as influências culturais são aceleradas. Uma criança de 5 anos ou mais nova tem bem menos probabilidade de ter vivenciado as influências culturais que poderiam afetar a maneira como interpretam uma experiência de quase morte. Além disso, crianças bem pequenas têm visões menos desenvolvidas sobre a morte do que crianças maiores e adultos. É improvável que crianças bem pequenas tenham ouvido falar de experiências de quase morte ou que entendam as EQMs, mesmo que tenham ouvido falar a respeito.

Essencialmente, crianças bem pequenas são praticamente uma lousa em branco quando se trata do assunto da morte, o que as torna um grupo de estudo importante a ser utilizado quando se pesquisam as experiências de quase morte.

Em capítulos anteriores, respostas foram apresentadas a perguntas de pesquisa do estudo da NDERF de 613 indivíduos que passaram por uma EQM, todos com pontuação na Escala de EQM de 7 ou mais. Para comparar o estudo de EQMs de crianças bem pequenas às de crianças maiores e de adultos, usei esse mesmo grupo de 613 participantes, menos dois participantes que não informaram a idade na ocasião da EQM na pesquisa da NDERF. Utilizei a mesma metodologia que foi previamente descrita no capítulo 6, onde EQMs que ocorreram sob anestesia geral foram comparadas a todas as outras EQMs.

Esse estudo englobou 16 participantes que tiveram EQM com idade de 5 anos e abaixo (média de 3,6 anos de idade) e 585 participantes com idade de 6 anos e acima na época de suas EQMs. A pesquisa consistiu em 33 perguntas que abordaram o conteúdo das EQMs. Comparamos as respostas a essas 33 perguntas entre os dois grupos.

Os resultados: Crianças bem pequenas tiveram todos os elementos de EQM que crianças mais velhas e adultos. Não houve diferença significativa em termos estatísticos nas respostas a nenhuma das 33 perguntas de pesquisa referentes ao conteúdo das EQMs entre crianças bem pequenas e crianças mais velhas e adultos. Houve apenas duas perguntas com uma inclinação na direção de uma resposta diferente em termos estatísticos entre os dois grupos.

Uma dessas perguntas foi: "O tempo pareceu se acelerar?" Houve três respostas possíveis a essa pergunta: "Tudo pareceu estar acontecendo ao mesmo tempo", "O tempo pareceu passar mais depressa do que o normal" e "Nenhuma das duas alternativas". Crianças bem pequenas tiveram certa inclinação maior a selecionar a opção "Nenhuma das duas alternativas" em resposta a essa pergunta. Entretanto, não houve diferenças entre os dois grupos em resposta à pergunta de pesquisa formulada com palavras mais gerais: "Você teve alguma sensação de alteração de espaço ou tempo?"

A outra pergunta com uma tendência rumo a uma diferença significativa em termos estatísticos nas respostas entre os dois grupos foi "Os seus sentidos estavam mais aguçados do que o de costume?" As três respostas possíveis a essa pergunta foram "Incrivelmente mais do que o de costume", "Mais do que o de costume" e "Nenhuma das duas alternativas". Crianças bem pequenas tiveram certa inclinação maior a selecionar a opção "Mais do que o de costume". Entretanto, não houve diferenças entre os dois grupos a três perguntas elaboradas com palavras mais específicas que se refeririam aos seus sentidos durante as EQMs. Essas três perguntas sem diferenças nas respostas entre os dois grupos indagaram "Como o seu nível mais elevado de consciência e de vigilância durante a experiência se compara ao seu nível normal de consciência e de vigilância cotidianas?" e duas perguntas indagando se a visão e a audição delas durante a EQM diferiu da visão e audição habituais.

A conclusão: Crianças bem pequenas têm todos os elementos de EQM que crianças mais velhas e adultos têm em suas EQMs.

Esse grupo de 26 crianças bem pequenas, com idade de 5 anos e abaixo, parece ter conteúdo de EQM que é idêntico ao de EQMs de crianças mais velhas e de adultos. A porcentagem de tempo em que os elementos de EQM ocorrem durante as EQMs delas não é estatisticamente diferente entre os dois grupos para nenhum dos elementos de EQM. As duas perguntas que continham apenas uma inclinação em direção a uma significância estatística não são confirmadas por diferenças em respostas a outras perguntas feitas sobre os mesmos elementos de EQM.

A dra. Cherie Sutherland, eminente pesquisadora de EQM, revisou 30 anos de literatura acadêmica referente a EQMs de crianças, incluindo crianças bem pequenas. Eis o que a dra. Sutherland tem a dizer sobre EQMs de crianças bem pequenas:

> Presumiu-se costumeiramente que as EQMs de crianças bem pequenas teriam um conteúdo limitado ao seu vocabulário. Entretanto, agora está claro que a idade das crianças na época de sua EQM não determina de nenhuma maneira a sua complexidade. Até crianças na fase de pré-alfabetização relataram posteriormente experiências bastante complexas... A idade não parece afetar de modo algum o conteúdo da EQM.[3]

Concordo com a dra. Sutherland. O estudo da NDERF é, de longe, o maior estudo de EQMs em crianças bem pequenas já publicado. Podemos agora estar mais confiantes do que nunca em concluir que o conteúdo das EQMs em crianças bem pequenas não é afetado por sua tenra idade na época de suas EQMs.[4]

Há muito mais para se compreender as experiências de quase morte do que simplesmente analisar respostas a perguntas com estatísticas. Não há substituto para a *leitura* das EQMs para se ver por si mesmo sua dimensão mais profunda. Eu li cada

EQM já partilhada com a NDERF. Ao ler as EQMs de crianças bem pequenas, vejo que o seu modo de pensar pode ser infantil durante a EQM. Contudo, também vejo uma dimensão mais profunda de suas EQMs que vai além até das perguntas de pesquisa bem detalhadas da NDERF. Existe uma semelhança subjetiva entre as EQMs de crianças de todas as idades e as de adultos que só pode ser avaliada com precisão ao se ler os relatos.

E quanto às crianças mais velhas? As EQMs delas têm o mesmo conteúdo que as dos adultos? É difícil selecionar a idade que separa crianças de adultos. A idade de 18 anos é uma definição legal para adulto em muitos países. No entanto, jovens entre os 16 e os 18 anos sabem dirigir, muitas vezes começam a entrar no mercado de trabalho e, com frequência, iniciam relacionamentos românticos. Considero os que estão entre os 16 e os 18 anos como pertencentes a uma fase entre a infância e a vida adulta em vez de crianças. Com essa consideração, defini *crianças* como aqueles com menos de 16 anos, e *adultos* como indivíduos com 16 anos e acima.

Usando a mesma metodologia que usei para estudar o conteúdo das EQMs das crianças bem pequenas, o conteúdo das EQMs de 133 crianças e de 478 adultos foi comparado.

Os resultados: As respostas às 33 perguntas sobre o conteúdo da EQM foram revisadas. Houve apenas uma pergunta que teve uma resposta estatisticamente diferente entre os dois grupos. A pergunta foi a seguinte: "Você viu uma luz?" As crianças responderam mais "Sim" do que "Não". Uma pergunta formulada de maneira semelhante foi: "Você viu ou se sentiu circundado por uma luz brilhante?" As respostas possíveis incluíam "Luz claramente de origem mística ou de outro mundo", "Luz de brilho incomum" e "Nenhuma das duas alternativas". Acredito que esta última pergunta, uma das perguntas da Escala de EQM, aborda melhor a luz mística, não terrena, que as pessoas que têm uma EQM encontram geralmente. Não houve diferença estatística entre crianças e adultos em sua resposta a essa pergunta.

A conclusão: Esse grupo de 133 crianças, com idade de 15 anos e abaixo, parece ter um conteúdo de EQM que é idêntico ao das EQMs dos adultos. Considerando-se a discussão acima, não parece haver nenhuma diferença estatística entre os dois grupos na porcentagem de ocorrência de cada elemento de EQM durante as EQMs deles.

Tal como as EQMs em crianças bem pequenas, este é o maior estudo já publicado que compara diretamente o conteúdo de EQMs de crianças e de adultos. Fui coautor de um capítulo de um livro que incluiu a revisão de 30 anos de pesquisa acadêmica de EQMs na infância. Esse capítulo foi escrito antes de termos disponíveis os resultados do estudo da NDERF sobre EQMs na infância. De literatura acadêmica previamente publicada, ainda pudemos concluir:

> Ao longo das três primeiras décadas de pesquisa de EQM, pesquisadores publicaram descobertas sobre várias centenas de EQMs na infância. EQMs nas crianças parecem ser lembradas com precisão, mesmo que relatadas anos depois, na idade adulta. O conteúdo das EQMs das crianças parece semelhante ao dos adultos e não parece ser substancialmente afetado pela idade.[5]

As EQMs de crianças, mesmo de crianças bem pequenas, têm o mesmo conteúdo que as EQMs dos adultos. Isso sugere fortemente que as EQMs não são significativamente afetadas por influências culturais preexistentes, crenças ou experiências de vida. Isso é mais uma evidência sólida de que as EQMs, e sua coerente indicação de vida após a morte, são reais.

Abaixo, há vários estudos de casos de crianças bem pequenas (de 5 anos de idade e abaixo) e de crianças acima de 5 anos. Notem a semelhança entre elas.

EQMs DE CRIANÇAS

Paul, de 5 anos, voltava para casa depois de ter ido encomendar seu uniforme de escola, quando correu para a rua e foi atingido por um furgão que passava:

> Eu saltei do jipe e corri para atravessar a rua para chegar em casa primeiro. O que me lembro é de algo vindo ao meu lado (mais tarde soube que era um furgão). O que realmente lembro é de apenas [dar] um ou dois passos na rua antes de algo acontecer... Eu me senti como um balão de hidrogênio flutuando no ar. Eu estava subindo. Abri os olhos devagar e vi o meu corpo caído na rua. Fiquei muito assustado. Eu me senti... paralisado e eu estava subindo, mas eu senti... alguém estava me carregando amorosamente (um amor incondicional). Tentei mover o meu corpo e ergui os olhos para ver quem estava me carregando. O que vi foi a Virgem Maria. Ela usava um vestido azul e rosa com uma coroa... Eu me senti muito confortável nas mãos dela.

Quando tinha 11 anos, Jennifer sofreu um grave acidente de carro. Ela viu o seu "corpo inerte e sem vida" abaixo. A voz de um ser espiritual lhe disse que precisavam dela de volta no local do acidente para ajudar o motorista inconsciente. Aqui está a sua experiência como ela a escreveu:

> Então, a voz disse: "O nariz dele foi decepado do rosto; você terá de voltar e ajudá-lo; ele está sangrando até a morte". Eu falei: "Não, deixe outra pessoa fazer isso. Ele ficará bem sem a minha ajuda. Não quero voltar até lá embaixo. Não!" A voz falou: "Eu lhe direi o que fazer. Reti-

re a camisa dele depois que recolher o nariz dele do chão do carro. Estará perto dos seus pés e do pé direito dele. Coloque o nariz no rosto dele, fazendo pressão para parar o sangramento. É apenas sangue e, portanto, não tenha medo. Estou com você como sempre". (Eu sabia que nunca estive sozinha desde quando podia me lembrar.) "Em seguida, Jennifer, você começará a ajudá-lo a caminhar pelo lado direito da rua, e um carro se aproximará. Diga ao homem que leve vocês ao hospital mais próximo. Mantenha o homem calmo e guie-o até o hospital onde você nasceu. Você sabe o caminho, e tudo ficará bem. Você tem de fazer isso. Compreendeu?"

Jennifer prossegue contando que, quando voltou ao seu corpo, tudo aconteceu da maneira como o ser espiritual lhe havia dito. Um carro parou e levou-os ao hospital onde ela nasceu. Ela conseguiu acalmar tanto o motorista ansioso quanto a vítima do acidente que perdeu o nariz. E houve um final feliz: um enxerto de pele foi utilizado para recolocar o nariz no lugar com "apenas um arranhão deixado para se notar". O estupefato médico do pronto-socorro declarou: "Não posso explicar que tipo de milagre acabei de testemunhar neste pronto-socorro hoje".

COERÊNCIA INDEPENDENTEMENTE DE IDADE

Quero ser o primeiro a apontar que várias das EQMs de crianças que você acaba de ler foram relatadas muitos anos ou até décadas depois que aconteceram. Os céticos podem dizer que é improvável que crianças se lembrem de EQMs que aconteceram há tanto tempo e, portanto, não são capazes de relatar com precisão o que realmente aconteceu.

William Serdahely, PhD, abordou essas questões céticas. Serdahely, um professor de ciências médicas da Universidade do

Estado de Montana, comparou cinco EQMs relatadas por crianças com cinco EQMs que ocorreram na infância e foram relatadas anos depois, quando as pessoas que tiveram a EQM já eram adultas. Ele analisou os relatos comparando 47 características de EQMs entre os dois grupos. Serdahely concluiu: "Este estudo... apoia as alegações de pesquisadores anteriores de que os relatos retrospectivos de adultos de EQMs na infância não são floreados nem distorcidos".[6]

Outro estudo, este feito pelo dr. Bruce Greyson, em 2007, descobriu que as EQMs não parecem ser floreadas nem abreviadas mesmo depois de quase 20 anos.[7] Esse foi um estudo de 72 indivíduos que compartilharam suas respectivas EQMS e responderam as 16 perguntas que abrangeram a Escala de EQM nos anos 1980 e, então, responderam as perguntas novamente quase 20 anos depois. A comparação das duas aplicações da escala não demonstrou nenhuma diferença significativa nos pontos totais da escala ou nas respostas a nenhuma das 16 perguntas. Esse estudo fornece algumas das evidências mais fortes de que as EQMs são recordadas fielmente, mesmo quando relatadas décadas depois de sua ocorrência.

Um estudo adicional importante foi realizado pelo dr. Pim van Lommel e colegas em 2001.[8] Esse foi o maior estudo prospectivo já realizado sobre EQMs. Como parte desse estudo, pessoas que passaram por uma EQM e sofreram parada cardíaca foram entrevistadas sobre a EQM pouco tempo depois do incidente e, então, dois e oito anos depois. Esse estudo descobriu que os participantes se lembraram precisamente de suas EQMs oito anos depois de sua ocorrência.

Não importa se o indivíduo que passa pela EQM tem 4 anos de idade ou 44, os elementos da experiência de quase morte permanecem os mesmos. A melhor evidência descobre que as

EQMs não são floreadas nem esquecidas com o tempo. As EQMs não são "criadas" na mente das pessoas a partir do que veem na televisão ou leem em livros e não são modificadas de maneira significativa por influências culturais. As experiências de quase morte são acontecimentos *reais* que ocorrem com pessoas de todas as idades.

O que as crianças que têm uma proximidade com a morte pensam de sua experiência do outro lado e o que fazem com isso no decorrer da vida? O Estudo de Transformações conduzido pelo dr. Morse fornece evidências de que as EQMs criam mudanças num indivíduo que não podem ser dissimuladas.[9] Ele estudou mais de 400 pessoas, algumas que tiveram experiências de quase morte e outras que não as tiveram. Ele administrou testes com perguntas sobre felicidade, espiritualidade, ansiedade em relação à morte, misticismo, materialismo, hábitos alimentares e habilidades psíquicas. Tudo isso se destinou a explorar os efeitos posteriores das EQMs em pessoas que as tiveram na infância.

Morse descobriu que aqueles que tiveram experiências de quase morte na infância tinham menos ansiedade em relação à morte do que as pessoas que não passaram por uma EQM; esses indivíduos também tinham maiores habilidades psíquicas, maior prazer pela vida e aumento de inteligência. Entre suas conclusões estava a de que as EQMs são reais porque seus efeitos de longo prazo são reais. Em suma, como nós da NDERF dizemos: *não se pode fingir os efeitos de uma experiência de quase morte.*

REAL E TRANSFORMADORA

Isso tudo me lembra Katie, que, aos 3 anos de idade, engoliu uma castanha de caju que ficou entalada na traqueia. Ela estava parada na cozinha quando o incidente chocante aconteceu. Ela ficou azulada e perdeu os sentidos. O avô, um bombeiro, foi incapaz de reanimá-la e declarou que estava morta.

A ambulância chegou quase 30 minutos depois da chamada para o número de emergência. Katie estava observando boa parte da ação de um lugar fora de seu corpo. Conforme ela escreveu:

> Quando morri, eu me elevei acima do meu corpo e vi o meu avô tentando reanimá-lo. Meu corpo não me interessava; em vez disso, saí do recinto na direção de uma presença que senti na área da sala de estar. Fui na direção dessa presença, que estava dentro de um lugar brilhante, reluzente, [iluminado pelo] sol — não um túnel, mas uma área. A presença era de inacreditável paz, amor, aceitação, calma e alegria. A presença me envolveu, e a minha alegria foi indescritível — enquanto escrevo isto, sinto de volta essa emoção, e ela ainda me enleva. A sensação é espetacular. Não senti essa presença como Deus (eu era pequena demais para entender o conceito), mas eu realmente senti essa presença como a daquele que me criou. Soube, sem sombra de dúvida, que eu era uma criatura feita, um ser que devia sua existência a essa presença.
> Não me lembro de ter entrado de volta no meu corpo.
> Quando acordei no dia seguinte, soube de duas coisas com certeza: (1) que existe vida depois da morte e que (2) eu era um ser criado. Eu não sabia disso como um conhecimento racional, mas, em vez disso, expressei essas coisas importunando a minha mãe com pergunta após pergunta. Quem me fez? O que era eternidade? E o que era Deus? Ela não soube responder minhas perguntas, mas foi sábia o bastante para me deixar conversar com outras pessoas que sabiam.

No seu formulário da NDERF, Katie declara várias vezes que a experiência foi "decididamente real".

> Mesmo agora, quando recordo a experiência, ela é mais real do que qualquer coisa que já passei na vida. Revivo não apenas as lembranças, mas também a emoção. Isso ainda me motiva a fazer perguntas.

Um cético ainda poderia descartar isso tudo, alegando que são apenas palavras vazias. Mas frequentemente as pessoas que têm uma EQM reagem *ativamente* à sua extraordinária experiência. A EQM de Katie motivou-a a continuar sua busca na vida adulta:

> Essa experiência me tocou tão a fundo que tenho dedicado a minha vida a buscar respostas para minhas perguntas por meio do estudo [de] filosofia e religião. Atualmente, estou trabalhando em [um] doutorado em teologia.

As experiências de quase morte são reais e transformadoras. Não são produtos da nossa cultura da televisão e não são inventadas pelas pessoas que as vivenciam, mesmo que essas pessoas sejam crianças.

Pessoalmente, ouço as crianças bem mais atentamente agora do que antes. Da boca das crianças podemos aprender importantes lições que apontam para a realidade da vida após a morte.

Capítulo 10

PROVA Nº 8: COERÊNCIA MUNDIAL

> O homem é um pedaço do universo que ganhou vida.
> — **Ralph Waldo Emerson**

O nosso estudo de EQMs com uma mescla de culturas é o maior já realizado, fato que me deixa confiante em apresentar estas conclusões notáveis:

- *A essência da experiência de EQM é a mesma no mundo inteiro*: Quer seja uma experiência de quase morte de um hindu na Índia, quer seja um muçulmano no Egito ou um cristão nos Estados Unidos, os mesmos elementos centrais estão presentes em todas, incluindo a experiência fora do corpo, a experiência do túnel, as sensações de paz, os seres de luz, uma recapitulação de vida, a relutância em retornar e a transformação após a EQM. Em suma, a experiência da morte parece semelhante entre todos os seres humanos, não importando onde vivam.
- *Crenças culturais preexistentes não influenciam significativamente o conteúdo das EQMs:* As experiências de quase

morte de várias partes do mundo parecem ter conteúdo semelhante, independentemente da cultura do país onde as pessoas que têm as EQMs vivem. Isso está certamente em conformidade com as nossas descobertas no capítulo 9 de que crianças bem pequenas, com idade de 5 anos e abaixo, que receberam muito menos influência cultural que os adultos, têm EQMs com conteúdo igual ao de crianças mais velhas e adultos. As experiências de quase morte que ocorrem sob anestesia geral não podem ter influência cultural alguma, nem influência de quaisquer outras experiências prévias na vida. Entretanto, EQMs que ocorrem sob anestesia geral são basicamente iguais a todas as outras EQMs, como vimos no capítulo 6.

A surpreendente habilidade dos indivíduos que passam por experiências de quase morte de recordar coerentemente em detalhes as suas experiências, mesmo décadas depois, é um testemunho do poder da EQM. Trata-se de um estado único e extraordinário de consciência. É geralmente a mais dramática e transformadora experiência na vida da pessoa que passa por uma EQM, em qualquer parte do mundo em que viva.

As evidências que sugerem que não há diferença significativa nas experiências de quase morte em termos mundiais possibilitam um grande passo na direção das relações humanas. Isso significa que, no ponto da morte, *todas* as pessoas podem ter uma experiência semelhante. Podemos estar divididos por idiomas e culturas, mas a possibilidade de termos experiências espirituais semelhantes tão dramáticas e transformadoras como as EQMS nos une no mundo todo.

Reconhecer que pessoas de todas as culturas vivenciam acontecimentos semelhantes no ponto da morte pode ser um instrumento útil para o entendimento e o diálogo transcultural. Isso torna as EQMs um importante conceito cultural que pode ajudar a humanidade a se empenhar na busca da paz mundial. A evidência de que as experiências de quase morte são basicamente as mesmas *mundialmente* pode ser uma razão para que cessem as desavenças por causa das diferenças e, em vez disso, nós nos concentremos em nossas semelhanças.

O MAIOR ESTUDO TRANSCULTURAL JÁ REALIZADO

Alguns anos atrás, Jody Long começou o enorme projeto de traduzir a pesquisa da NDERF para línguas não inglesas. Jody começou a desenvolver uma rede de tradutores de idiomas voluntários, que se expandiu até mais de 250 tradutores em várias partes do mundo. Esses voluntários traduzem EQMs que não são em língua inglesa, e estas são postadas no *site* tanto em seu idioma original como na tradução em inglês. Os voluntários também traduzem EQMs em inglês postadas no *site* da NDERF para línguas não inglesas. Isso permite que leitores bilíngues corrijam quaisquer possíveis traduções inexatas. Atualmente, há mais de 2 mil relatos de experiências de quase morte em língua não inglesa, ou seja EQMs em vários idiomas postadas no *site* da NDERF, com mais sendo acrescentadas regularmente.

Seções do *site* da NDERF e o questionário para as pessoas que tiveram EQMs foram traduzidos para mais de 20 idiomas [inclusive o português]. Com o questionário da NDERF traduzido para tantos idiomas diferentes, quase todas as pessoas ao redor do mundo que passam por uma EQM podem encontrar o questionário da NDERF num idioma que conheçam. Tal recurso permite que a NDERF receba EQMs do mundo inteiro, incluindo as EQMs que não são em língua inglesa. Nenhum estudo anterior foi capaz de comparar diretamente tantas EQMs partilhadas em inglês com EQMs relatadas em outros idiomas, possibilitando que todas as pessoas que tiveram uma EQM respondam pessoalmente as mesmas perguntas. Isso foi feito por intermédio do uso dos questionários no *site* da NDERF.

Para o estudo transcultural da NDERF, EQMs de países onde o inglês não é o idioma predominante foram divididas em dois grupos de estudo. O primeiro grupo de estudo incluiu 79 EQMs relatadas nos respectivos idiomas dos participantes, e não em inglês, e o segundo grupo de estudo incluiu 26 EQMs relatadas em inglês de países onde o inglês não era o idioma predominante. O estudo da NDERF também verificou as EQMs de países não ocidentais, o que será abordado depois.

O primeiro grupo de estudo foi de 79 pessoas que tiveram uma EQM de países onde o inglês não é o idioma predominante que relataram suas EQMs num idioma que não era o inglês. O grupo comparativo incluiu 583 EQMs relatadas em inglês de países onde o inglês é o idioma predominante.

Para comparar os dois grupos de EQMs, usei quase a mesma metodologia que foi discutida previamente nos capítulos 6 e 9, onde abordamos as EQMs sob anestesia geral e de crianças. Para a parte transcultural do estudo da NDERF, incluí todas as EQMs, a despeito de sua pontuação na Escala de EQM. Achei que fosse razoável, uma vez que a escala de EQM não foi validada para as EQMs que não são em inglês e para as EQMs não ocidentais. Essa parte do estudo incluiu apenas EQMs que foram postadas no *site* da NDERF.

Os resultados: Ao comparar o primeiro grupo de estudo composto de EQMs relatadas em língua não inglesa com o grupo comparativo, todos os 33 elementos da EQM estavam presentes em ambos os grupos. Dos 33 elementos comparados, 11 elementos apareceram com uma frequência estatisticamente diferente de ocorrência entre os dois grupos, e mais dois elementos foram estatisticamente diferentes dentro do limite estabelecido. Os resultados indicam muitas diferenças significativas nas respostas desses dois grupos de pessoas que tiveram EQMs às 33 perguntas sobre o conteúdo da EQM.

Os resultados foram surpreendentes e intrigantes. Tais resultados poderiam se dar devido à possibilidade de EQMs serem diferentes ao redor do mundo? Ou as questões de tradução de idioma poderiam resultar na possibilidade de elas parecerem ter conteúdo diferente, sendo que o conteúdo delas é, na verdade semelhante?

Nos estudos científicos, quando resultados intrigantes são encontrados, isso frequentemente ajuda a se procurar mais profundamente uma explicação. Foi exatamente o que fizemos com o estudo transcultural da NDERF. Para examinar mais profundamente as EQMs relatadas nos respectivos idiomas dos participantes, e não em inglês, uma voluntária experiente de pesquisa de EQM, Lynn, nos ajudou. Um questionário foi desenvolvido para a revisão do conteúdo de EQMs postadas na NDERF. O questionário incluiu 15 perguntas sobre o conteúdo da EQM. Todas as 79 EQMs que não são de língua inglesa do primeiro grupo de estudo foram traduzidas para o inglês e postadas no *site* da NDERF. Lynn completou esse questionário para todas as 79 EQMs que não são de língua inglesa e para todas as 583 EQMs em inglês do grupo comparativo. O trabalho árduo dela nos permitiu comparar mais diretamente o conteúdo das EQMs que não são de língua inglesa com o grupo comparativo de EQMs de língua inglesa.

Para a comparação de 15 elementos de EQM entre os dois grupos, houve apenas duas perguntas em que a porcentagem de ocorrência do elemento de EQM foi estatisticamente diferente. Não houve elementos de EQM onde a porcentagem de ocorrência do elemento de EQM foi estatisticamente diferente dentro do limite estabelecido.

A revisão de Lynn de ambos os grupos de relatos de experiências de quase morte encontrou bem menos diferenças no conteúdo da EQM do que sugeriram os resultados anteriores do primeiro grupo de estudo. Isso sugeriu a mim que as pessoas que têm EQMs e não falam inglês talvez tenham tido uma interpretação e uma compreensão um tanto diferentes das perguntas da pesquisa traduzidas da NDERF do que tiveram os que não falam inglês. Essa barreira do idioma pode ser responsável pela maioria, e talvez por todas, das diferenças aparentes nas respostas às perguntas da pesquisa da NDERF entre os dois grupos.

É bem provável que algumas palavras e conceitos nas perguntas da pesquisa da NDERF possam ser mal interpretados se a pesquisa for feita nos respectivos idiomas dos participantes de outros países que não são de língua inglesa. Por exemplo, a pesquisa da NDERF inclui palavras e frases em inglês como *senses (sentidos)*, *unearthly (sobrenatural)* e *harmony (harmonia)* ou *unity with the universe (comunhão com o universo)*. Essas palavras e frases não são escolhidas ao acaso. Elas vêm diretamente das perguntas de Escala de EQM, o mais validado questionário para pesquisas de EQM em *língua inglesa*. Entretanto, é fácil ver como essas palavras e frases poderiam ser mal compreendidas ou interpretadas de maneira diferente de seu significado em inglês por aqueles que não conhecem as sutilezas desse idioma.

Para ajudar a entender como as barreiras do idioma podem afetar respostas à pesquisa da NDERF, o estudo transcultural da NDERF verificou um segundo grupo de estudo. O segundo grupo de estudo foi feito com 26 EQMs que foram partilhadas com a NDERF em inglês, mas que vieram de países ao redor do mundo onde o inglês não é o idioma prevalecente. Esse é um grupo de estudo interessante, uma vez que essas pessoas que tiveram EQMs vivem numa cultura que é exclusiva de seu país mas, ainda assim, entendem inglês bem o bastante para relatar suas EQMs e completar um questionário complexo em inglês. O grupo comparativo incluiu as mesmas 583 EQMs usadas no primeiro grupo de estudo, ou seja EQMs relatas em inglês de países onde o inglês é o idioma predominante. Como com o primeiro grupo de estudo, comparei as respostas do segundo grupo de estudo com o grupo comparativo às 33 perguntas no questionário da NDERF que cobriu elementos da EQM.

Quase caí de costas quando vi os resultados dessa parte do estudo. Todos os 33 elementos de EQM estavam presentes em ambos os grupos. A porcentagem de EQMs com cada elemento de EQM foi a mesma em ambos os grupos; nenhum elemento de EQM ocorreu de maneira estatisticamente significativa com maior ou menor frequência em nenhum dos grupos. Houve inclinação para uma diferença significativa nas respostas a apenas uma pergunta.

A conclusão: A conclusão mais razoável do estudo transcultural de EQM da NDERF é que o conteúdo das experiências de quase morte parece ser o mesmo ao redor do mundo. Tais experiências, tanto em países de língua inglesa como nos que não são de língua inglesa, incluem os mesmos elementos de EQM. Os elementos parecem seguir a mesma ordem de ocorrência. Ao ler os relatos de EQMs de várias partes do mundo, incluindo os relatos em inglês e os traduzidos para o inglês, fico impressionado com a extraordinária semelhança que possuem. Você provavelmente notou que, em capítulos anteriores, há muitos exemplos de EQMs de várias partes do mundo, e essas experiências foram como todas as outras EQMs. Parece haver pouca diferença, e mais provavelmente nenhuma diferença, na frequência da ocorrência dos elementos de EQM em EQMs em torno do mundo. Isso é mais uma forte evidência de que as EQMs não são produto de crenças culturais ou de experiências anteriores de vida. As experiências de quase morte são, numa palavra, *reais*.

MAIS DO QUE APENAS SIM OU NÃO

A comparação de EQMs de diferentes culturas sempre exigirá mais do que apenas estatísticas. Como vimos ao longo deste livro, as EQMs têm, com frequência, uma emoção, um poder e uma profundidade que transcendem as perguntas limitadas, tipicamente feitas para que elas sejam "entendidas". Perguntas que requerem uma resposta "Sim", "Impreciso" ou "Não" simplesmente não fazem jus a essa experiência. Acredito que, para *realmente* entender as EQMs, elas têm de ser lidas.

Para compreender a minha posição de que as EQMs ao redor do mundo são mais semelhantes do que não semelhantes, é útil que sejam lidas algumas EQMs representativas que foram compartilhadas em outros idiomas que não o inglês e, então, traduzidas para o inglês. Eu as acho semelhantes a EQMs típicas de países de língua inglesa.

Elisa, da Itália, passou por uma transformação tão grande devido à EQM a seguir, que aconteceu quando caiu de um penhasco numa ravina, que ela a considera o seu "segundo nascimento":

Prova nº 8: Coerência mundial

De repente, eu escorreguei pelo paredão e, então, tudo ficou escuro à minha volta, profundamente escuro. Eu não tinha um corpo, era imaterial... Esqueci do meu corpo. O tempo passou depressa, e os meus pensamentos estavam bastante acelerados. Vi a mim mesma com 2 anos de idade, depois com 4 no mar etc. Subitamente, minha vida terminou e, então, vi três lados do meu provável futuro. Naquele momento, fiquei muito triste porque estava morta, sabia disso claramente, e queria retornar... Lentamente, vi uma luz brilhante à minha volta; por instinto eu [sabia] que essa era "a linha", a "passagem", e, que se passasse por ela, estaria morta. Decidi não passar por ela porque eu queria viver no meu mundo e desfrutar todas as coisas nele... Comecei a rezar... De repente, estava escuro, mas foi um tipo diferente de escuridão, e comecei a sentir meu próprio corpo outra vez e, então, abri os olhos e vi o céu azul, e fiquei extasiada porque retornei à vida. Mudei completamente.

Uma mulher que chamaremos de Hafur, da Colômbia, teve uma experiência de quase morte que lhe permitiu ver sua vida recapitulada várias vezes. Isso lhe deu uma percepção profunda do que era importante em sua vida:

A figura à minha direita, que estava me guiando, parou, e eu não pude ver o rosto dele e, como se estivéssemos numa praia pequena, protegida, havia uma colina que servia como um lugar para projetar a minha vida desde o começo até o fim várias vezes, em princípio rapidamente, e depois mais devagar. Foi surpreendente como a minha vida foi mostrada com acontecimentos que eu havia esquecido por completo e outros que eram tão insignificantes que a sensação foi a de que eu estava vendo cada cena do filme pessoal da minha vida na terra. Eu me dei conta de que entendia tudo com grande clareza e uma superlucidez como nunca tivera antes. Descobri que havia escolhido pessoalmente ter um corpo físico e passar pelas experiências de vida que estava vivenciando. Eu me dei conta de que havia perdido tempo sofrendo e de que o que eu deveria ter estado fazendo era usar a minha liberdade para escolher o amor verdadeiro, e não a dor, em tudo o que surgisse em minha vida.

INTERPRETAÇÃO DIFERENTE

Como você pode ver, essas experiências têm os mesmos elementos que as EQMs de pessoas de Nebrasca ou de Nova York. E, embora possa haver algumas diferenças mínimas, na verdade verificar as EQMs ao redor do mundo é como mostrar a uma classe de jovens estudantes, de várias nacionalidades, uma fotografia da Torre Eiffel na França. Alguns saberão do que se trata, outros acharão que é a estrutura para uma construção em andamento e outros pensarão que é uma nave espacial. Todas as crianças estão vendo a mesma coisa; elas a estão apenas interpretando e expressando de maneira diferente, baseando-se no que sabem sobre a vida.

Uma pessoa precisa apenas ler vários desses incríveis relatos para perceber que existe um poder primitivo nas EQMs que transcende o idioma. Há tantos exemplos disso que eu poderia facilmente preencher um livro com nada além de experiências de quase morte transformadoras do mundo inteiro. Mas se eu tivesse de escolher apenas uma que sintetiza a mensagem de todas as EQMs mundiais, poderia ser essa de Hafur, a mulher da Colômbia cuja experiência foi citada acima. Sua experiência lhe permitiu ver sua vida várias vezes, como se "eu estivesse vendo cada cena do filme pessoal da minha vida na terra".

Essa experiência remodelou Hafur, fornecendo-lhe revelações que transcendem as barreiras geográficas e de idioma. Abaixo está uma versão editada da sabedoria que ela recebeu da luz e que incluiu em seu questionário da NDERF, quando completou a seguinte frase: Uma parte do que eu entendo e lembro hoje é...

- Nós vivemos numa "unidade plural" ou "unificação". Em outras palavras, a nossa realidade é "unidade em pluralidade e pluralidade em unidade".
- Que eu era tudo e tudo era eu, sem diferenças essenciais além de nas aparências terrenas.
- Que não há Deus fora de nós mesmos, mas, em vez disso, Deus está em tudo e tudo é uma parte de Deus, como é a própria vida.
- Que tudo é parte de um jogo essencial da própria vida e, nesse intuito, nós vivemos pelo amor verdadeiro — incondicional e universal.
- Que tudo é experiência e que esta vida e a próxima são essencialmente a mesma porque tudo é Deus.
- A morte é uma metamorfose de tempo — mais uma ilusão nascida de nossos conceitos mentais.
- Que "eu" inclui "nós".
- Que o "criador" está criando eternamente, e uma das criações é a prática do amor consciente. Uma pessoa aprende a pintar pintando.
- Viver conscientemente pelo amor é a essência da própria vida.

No final da lista de Hafur, ela manifestou uma frustração que já li e ouvi de muitas pessoas que tiveram uma experiência de quase morte. "Aprendi milhares de outras coisas sem fim", escreveu ela. "É difícil expressar em palavras porque as palavras são insuficientes".

Talvez esse seja outro verdadeiro problema. Não são apenas as palavras que interferem. É a qualidade indescritível da experiência de quase morte com a qual estamos sempre lutando. Só isso já a torna uma experiência universal.

Até agora, vimos experiências de quase morte de várias partes do mundo. Alguns desses relatos de EQM vieram de países não ocidentais com culturas que são geralmente muito diferentes das culturas dos países de língua inglesa. Olharemos mais de perto essas fascinantes EQMs de países não ocidentais.

EXPERIÊNCIAS DE QUASE MORTE NÃO OCIDENTAIS

A seguir, veremos experiências de quase morte em países não ocidentais. Considero um "país não ocidental" o que está em áreas do mundo que, predominantemente, não são de herança judaica ou cristã.[1] Experiências de quase morte de pessoas que vivem em países não ocidentais são *bem* mais difíceis de estudar do que as dos ocidentais. Pesquisadores encontram barreiras geográficas e de idioma para chegar até pessoas não ocidentais que têm uma EQM. Algumas pessoas que passaram por experiências de quase morte têm dificuldade em descrever sua experiência em palavras, e uma barreira de idioma pode aumentar esse problema.[2] Finalmente, pessoas que vivem em países não ocidentais podem não ter tido conhecimento sobre o conceito da experiência de quase morte. Podem ter tido uma experiência de quase morte mas não saber que o que vivenciaram é chamado de uma EQM. É mais fácil para o público em países ocidentais ouvir sobre experiências de quase morte porque os livros e a mídia vêm discutindo EQMs há décadas.

Prova nº 8: Coerência mundial

Uma revisão de pesquisas acadêmicas prévias sobre EQMs não ocidentais revela que há muito trabalho a ser feito. Nos primeiros anos de pesquisas sobre as experiências de quase morte, um problema comum era a tendência de tirar conclusões a partir do estudo de pequeno número de EQMs. Um número de estudos tentou tirar conclusões de menos de cinco estudos de casos. Na verdade, vários desses estudos tentaram extrair conclusões significativas de apenas um estudo de caso de EQM! Tirar conclusões de um estudo de bem poucas EQMs seria como testar um novo medicamento em apenas um punhado de gente; muito provavelmente pouquíssimas informações utilizáveis poderiam se originar de tal trabalho. Ao longo dos anos, conforme mais EQMs se tornaram disponíveis para pesquisa, essas conclusões iniciais foram, muitas vezes, consideradas incorretas.

Em outros estudos de EQM não ocidental, alguns no grupo de estudo não passaram por acontecimentos de risco de vida convincentes. Em vez disso, muitos desses estudos relataram casos de aparentes alucinações, experiências fora do corpo espontâneas, ou outras ocorrências paranormais que possam acontecer sem que uma pessoa se aproxime da morte. Algumas dessas pessoas nesses estudos provavelmente estavam sofrendo de alucinações febris, por exemplo, que são causadas por febre bastante alta e que podem ser mais comuns em países que apresentam mais doenças infecciosas.

Essencialmente, os pesquisadores podem ter acreditado que todas as pessoas em seus grupos de estudo passaram por acontecimentos onde houve risco de vida quando, na verdade, não foi o caso. Também, há muitos estudos de EQMs não ocidentais em que a definição de *experiência de quase morte* não foi deixada clara.

Outros estudos de EQM não ocidental usaram relatos que foram publicados na literatura popular do respectivo país. Essas

EQMs provavelmente não são representativas de todas as EQMs no país. Muitos desses estudos de EQMs não ocidentais também se basearam em relatos em segunda pessoa. Isso significa que o pesquisador não falou diretamente com a pessoa que teve a EQM, mas com alguém que ouviu o relato da experiência de quase morte, o que gera a preocupação de que talvez haja significativa inexatidão. Por causa dessa preocupação, o estudo da NDERF excluiu todos os relatos em segunda pessoa de experiências de quase morte da análise estatística.

Também é importante estar a par de que virtualmente todos os relatos de EQMs não ocidentais publicados em inglês tiveram de ser traduzidos para o inglês. Isso levanta outra preocupação: o quão precisa é a tradução? Alguns conceitos e palavras não ingleses não se traduzem bem, e o problema do idioma pode ser maior em culturas onde o tema da morte seja tabu. Já vimos como as barreiras do idioma podem ser problemáticas por meio do nosso estudo das EQMs ao redor do mundo.

Eu poderia me estender muito, mas o meu ponto é claro: a maioria dos primeiros estudos de EQMs não ocidentais tem sérias falhas que poderiam criar a impressão de que as EQMs não ocidentais são diferentes das EQMs ocidentais. Vamos dar uma olhada em algumas experiências de quase morte não ocidentais.

Gülden, um muçulmano da Turquia, fez a seguinte jornada a um domínio celestial quando uma artéria se rompeu no lobo temporal direito de seu cérebro. Eis a sua história:

> Senti que estava me elevando acima da minha cama, na direção de uma luz branca muito brilhante. Nesse meio tempo, vi o meu tio, que havia morrido um mês antes. Quando passou por mim, ele disse: "Ainda não". Fiquei surpreso com a maneira como o entendi sem palavras faladas, mas me senti bastante em paz. Mais tarde, uma

mulher veio até mim. Se a visse agora, eu a reconheceria. Ela me levou a um lugar maravilhoso com montanhas e disse que esse era o lugar da minha vida. O lugar aonde fomos era bonito, mas falei a ela que esse lugar não é o lugar da minha vida. Então, fomos a um litoral com um pequeno vilarejo, e ela disse outra vez que esse lugar era a minha vida, mas eu não conhecia esse lugar e disse a ela que esse não é o lugar da minha vida. Depois que viajamos a alguns lugares muito bonitos, ela disse que eu não estava pronto para ficar nesses lugares e me perguntou o que eu lembrava sobre a minha vida.

Mustapha tinha 12 anos de idade e vivia na Argélia quando quase se afogou:

> Eu sabia que estava me afogando, especialmente porque não conseguia deixar de engolir água do mar. Então, de repente, pude ver a mim mesmo flutuando dentro da água, numa incrível calma e num relaxamento físico e psicológico. Pude ver aquele corpo, bastante calmo, flutuando lentamente, e também vi bolhas saindo da boca dele. A cena era bastante real, com uma intensa luminosidade. Eu podia ver tudo debaixo da água, como se estivesse usando uma máscara de mergulho. Minha visão era de quase 300 graus. Era como estar a uma curta distância do meu corpo, mas também podia ver o que estava acontecendo atrás de mim. Notei alguns detalhes: pedras que tinham cor ocra (como fragmentos de azulejos de casas), também pedras de cores claras e pedras listradas, no fundo do mar, algas marinhas flutuando abaixo da superfície. O restante era areia. Havia também peixes pequenos e quase translúcidos logo abaixo da superfície, que se moviam e, então, desapareciam com uma repentina sacudida de cauda.

Carol é da Arábia Saudita. Ela teve uma complicação no parto. Essa experiência, disse ela, ajudou-a a compreender que "Deus está em toda parte, até mesmo na menor parte de criação material". Aqui está sua história:

Comecei a ver tudo branco à minha volta, como uma página em branco para se escrever nela. Ao mesmo tempo, senti uma presença, como se alguém estivesse comigo e me explicasse algumas dúvidas que eu tive uma vez. Não com palavras, mas com imagens e talvez telepatia, uma vez que não me lembro de ter ouvido uma voz. Mas pude entender tudo o que ele disse, e era tudo tão claro e óbvio que me perguntei como pude não ter entendido isso antes e que a minha mãe também ficaria feliz em saber. Entendi que tudo de bom e de ruim aconteceu para um propósito.

Na NDERF, recebemos muitos relatos de experiências de quase morte que foram vivenciadas pessoalmente por médicos e cientistas. Aqui está um desses casos. A dra. Sahar é médica no Sudão e eis o seu relato:

No dia seguinte, à tarde, senti aquela dor novamente. Eu estava ficando cada vez pior, como uma dor de parto. Então, desmaiei. Meu marido, que também é médico, bateu no meu rosto rapidamente. Acordei de imediato. Ele me carregou depressa para o hospital outra vez. Lá me disseram que o meu bebê estava fora do útero e que a trompa de Falópio se rompera, o que me causou hemorragia. Eles fizeram uma cirurgia de emergência. Depois da operação, falei ao meu marido que tive uma enorme sensação no meu primeiro desmaio em casa. Senti que fui para outro lugar, onde há tempo muito bom com uma aprazível brisa. Eu senti lá... uma calma e uma paz como nunca havia sentido na minha vida. Contei a ele que estava falando com pessoas anônimas por longo tempo, como se fossem meses. Não me lembro do que estávamos conversando ou quem eram elas, mas eu me lembro que me senti tão feliz com elas, como se estivéssemos sentadas lá durante meses! Eu me senti bastante zangada e pesarosa quando o meu marido me fez recobrar a consciência. Voltando, senti que esta vida é restrita, suja e repulsiva. Quero voltar para lá e ficar para sempre.

Simran é da Índia. Ele quase morreu num acidente de ônibus, no qual sofreu grave traumatismo, inclusive ferimentos na cabeça. Para Simran, uma das partes mais significativas de sua experiência de quase morte foi a seguinte:

> Então, uma luz brilhante apareceu, e a voz suave de um homem me disse: "Você deixará tudo para trás — seus entes amados, a recompensa ganha arduamente, dinheiro, até as suas roupas. Você virá para mim de mãos vazias". A luz também me deu uma mensagem importante para segui-la [o] máximo possível.

Partes do *site* da NDERF foram traduzidas para muitos idiomas, incluindo árabe, chinês, malaio e muitos outros. Tal recurso permite que pessoas de países não ocidentais que passam por experiências de quase morte compartilhem suas EQMs em seu próprio idioma e respondam às mesmas perguntas de pesquisa que outros indivíduos que têm EQMs ao redor do mundo.

O estudo da NDERF de EQMs não ocidentais é único. Nenhum estudo prévio de grande porte publicou as narrativas das EQMs nem incluiu apenas experiências que foram determinadas em termos médicos por ter englobado uma ocorrência de risco de vida, tampouco comparou diretamente as respostas entre indivíduos de países ocidentais e não ocidentais às mesmas perguntas detalhadas sobre o conteúdo das EQMs deles.

Dezenove pessoas não ocidentais que tiveram uma EQM partilharam uma narrativa de sua experiência de quase morte e preencheram a pesquisa da NDERF. Nove dessas EQMs foram partilhadas em inglês e dez em outros idiomas. Comparamos respostas a 33 perguntas referentes a elementos de EQM dessas EQMs não ocidentais com respostas do mesmo grupo comparativo de EQMs em inglês de países onde o inglês é predominante que abordamos previamente neste capítulo.

Os resultados: Todos os elementos de EQM que estiveram presentes em EQMs ocidentais estiveram presentes em EQMs não ocidentais. Dos 33 elementos de EQM estudados, houve diferença estatisticamente significativa entre os grupos nas respostas a cinco perguntas, ao passo que as respostas a duas perguntas foram significativas dentro do limite estabelecido. Para 26 das 33 perguntas, os elementos de EQM ocorreram em ambos os grupos com frequência estatisticamente igual.

A conclusão: Todos os elementos de experiência de quase morte que aparecem em EQMs ocidentais estão presentes em EQMs não ocidentais. Existem muitas EQMs não ocidentais com narrativas que são espantosamente semelhantes às narrativas de EQMs ocidentais típicas. No mínimo, pode ser concluído que EQMs não ocidentais são muito mais semelhantes às EQMs ocidentais do que diferentes. Lembre-se de que ligeiramente acima de metade de experiências de quase morte não ocidentais estudadas foram relatadas nos respectivos idiomas dos participantes, e não em inglês. Previamente neste capítulo, descobrimos que as questões de tradução de idiomas parecem ser responsáveis por diferenças significativas no conteúdo de EQMs ao redor do mundo — diferenças que provavelmente não existem na realidade. Com essas considerações, acredito que uma interpretação razoável das descobertas do estudo da NDERF é a de que as EQMs não ocidentais parecem ser semelhantes às EQMs ocidentais. Caso haja diferenças entre as EQMs ocidentais e não ocidentais, é mais provável que sejam diferenças mínimas em vez de substanciais.[3]

Na NDERF, ainda não recebemos EQMs em inglês o bastante de países não ocidentais para estarmos aptos a compará-las diretamente a EQMs em inglês de países onde esse idioma é predominante. Espero que, algum dia, tenhamos EQMs em inglês o suficiente de países não ocidentais para permitir tal comparação. Esse será, certamente, um estudo interessante.

Até agora, todas as descobertas do estudo da NDERF apresentadas neste livro têm estado em conformidade com as descobertas de numerosos estudos prévios de EQM. O estudo da NDERF das EQMs não ocidentais foi diferente, e as descobertas dessa parte do estudo da NDERF são diferentes das conclusões de estudos prévios de EQMs não ocidentais.

De nossa discussão anterior, é fácil ver como é complexo estudar experiências de quase morte não ocidentais. Vários pesquisadores se empenharam o máximo que puderam com os dados existentes e tentaram chegar a conclusões sobre EQMs não ocidentais. Tais pesquisadores estiveram cientes das dificuldades nesse tipo de pesquisa, e suas conclusões são reconhecidas como experimentais e não decisivas.

Um dos principais pesquisadores das EQMs não ocidentais é o dr. Allan Kellehear, um professor de sociologia. Ele revisou relatos previamente publicados de experiências de quase morte não ocidentais e estudou cinco elementos da EQM. Ele concluiu que pessoas falecidas ou sobrenaturais apareceram de modo comum em EQMs não ocidentais. Também descobriu que as EQMs não ocidentais descreveram em geral visitas de outro mundo. Esses dois elementos também são comuns em EQMs ocidentais. Entretanto, a revisão do dr. Kellehear descobriu algumas diferenças entre o seu grupo de estudo de EQMs ocidentais e não ocidentais. Ele declara: "A recapitulação de vida e a experiência do túnel parecem ser aspectos específicos de cultura".[4]

Será mesmo? Do estudo da NDERF de 19 EQMs, verifiquei as perguntas da pesquisa da NDERF referentes a recapitulações de vida e túneis.

Havia duas perguntas sobre recapitulação de vida, com algumas diferenças nas palavras usadas para a elaboração das perguntas. Em resposta à pergunta da pesquisa "Você vivenciou uma recapitulação de acontecimentos passados de sua vida?", os dois grupos responderam conforme segue:

	EQMs Ocidentais	EQMs Não Ocidentais
Sim	128	4
Impreciso	49	0
Não	406	15

Não houve diferença estatisticamente significativa nas respostas entre os dois grupos. A segunda pergunta de pesquisa relativa à recapitulação de vida foi uma pergunta de Escala de EQM que indagou: "Você viu cenas do seu passado?" As respostas disponíveis a essa pergunta foram "O passado foi aparecendo rapidamente diante de mim, fora do meu controle", "Lembrei-me de muitos acontecimentos do passado" e "Não". Considerou-se que aconteceu uma recapitulação de vida se qualquer uma das duas respostas a essa pergunta foi escolhida — isto é, qualquer opção com a exceção de "Não". Uma recapitulação de vida esteve presente em 32% do grupo de EQM não ocidental e em 25% do grupo de EQM ocidental. Essa não foi uma diferença estatisticamente significativa. Em vista das respostas a ambas as perguntas, a recapitulação de vida parece estar presente e ocorre com igual frequência tanto nas EQMs ocidentais quanto nas não ocidentais.

E quanto às experiências com túneis? Havia uma pergunta da pesquisa da NDERF que indagava "Você passou por dentro ou através de um túnel ou recinto fechado?" As respostas a essa pergunta foram:

	EQMs Ocidentais	EQMs Não Ocidentais
Sim	188	8
Impreciso	97	1
Não	298	10

Não houve diferença estatisticamente significativa nas respostas entre os dois grupos. Como nas recapitulações de vida, as experiências com túneis parecem ocorrer tanto nas EQMs ocidentais quanto nas não ocidentais e com igual frequência. O estudo da NDERF não encontrou nenhum indício de que as recapitulações de vida ou experiências com túneis sejam aspectos específicos de cultura nas experiências de quase morte.

Ao longo deste livro, não encontramos influências culturais significativas no conteúdo das EQMs. Isso engloba os resultados de nosso estudo de crianças bem pequenas, com 5 anos de idade e abaixo, cujas EQMs pareceram idênticas às de crianças mais velhas e adultos. Também não encontramos influência cultural no conteúdo de EQMs relatadas em inglês de países onde o inglês não é o idioma predominante ao redor do mundo. Além do mais, analisamos EQMs que ocorreram sob anestesia geral. Esses indivíduos que passaram por uma EQM não poderiam ter tido quaisquer lembranças conscientes na ocasião de suas experiências, inclusive lembranças que são determinadas culturalmente.

Pesquisando relatos de EQM não ocidental de outras fontes, encontrei algumas que parecem incluir uma ocorrência de risco de vida na época da experiência, mas com conteúdo bastante diferente das experiências de quase morte ocidentais típicas. Não posso dizer se essa aparente diferença no conteúdo da EQM é real ou devido a questões de tradução do idioma. Também é possível que, ainda que o conteúdo das experiências de quase morte seja o mesmo entre as diferentes culturas do mundo, as pessoas que têm a EQM possam interpretar suas experiências de modo diferente. Para citar um dos principais pesquisadores de EQM, o dr. Bruce Greyson, e seus colegas: "Até mesmo as diferenças transculturais observadas sugerem que não é a base da experiência em si que difere, mas as maneiras como as pessoas interpretam o que passaram."[5]

Fui coautor de um capítulo de um livro acadêmico que revisou 30 anos de pesquisa sobre as características das EQMs ocidentais. Nessa revisão, não conseguimos encontrar quaisquer características das EQMs ocidentais que pudessem ser consideradas como determinadas culturalmente. Concluímos:

> Até agora, os pesquisadores tenderam a descobrir que as previsões mais hipotéticas sobre a ocorrência, incidência, conteúdo e efeitos posteriores da EQM não são confiáveis.[6]

Na NDERF, recebemos muitas dezenas de experiências de quase morte não ocidentais. Muitas dessas EQMs foram relatadas apenas como narrativas, sem que as pessoas que as tiveram preenchessem o questionário da NDERF. Revisando todas as experiências de quase morte não ocidentais da NDERF, descobri que essas EQMs não ocidentais são geralmente semelhantes às EQMs ocidentais.[7]

Em suma, o estudo da NDERF descobriu que as narrativas das EQMs não ocidentais eram geralmente semelhantes às EQMs ocidentais. A comparação direta dos elementos das experiências de quase morte ocidentais e não ocidentais revelou que todos os elementos que ocorreram nas EQMs ocidentais foram encontrados nas EQMs não ocidentais também. Como vimos no nosso estudo das EQMs ao redor do mundo, as questões de tradução de idioma podem ser responsáveis por diferenças aparentes, mas não reais, no conteúdo de experiências de quase morte ocidentais e não ocidentais.[8] Quaisquer diferenças que possam existir entre EQMs ocidentais e não ocidentais provavelmente são mínimas.

MAIS UMA EVIDÊNCIA DA VIDA APÓS A MORTE

O estudo transcultural de EQM da NDERF descobriu que as experiências de quase morte são notavelmente semelhantes no mundo todo, inclusive EQMs que ocorrem em países ocidentais e não ocidentais. Essa é mais uma evidência de que as EQMs são muito mais do que simplesmente produto de crenças culturais ou experiências prévias de vida. As experiências de quase morte nos lembram que, embora as pessoas na terra possam estar a um mundo de distância, elas podem partilhar dessa importante experiência espiritual. É incrível pensar que, não importando a qual país chamemos de lar, talvez o nosso verdadeiro lar esteja nos maravilhosos planos sobrenaturais descritos constantemente por pessoas de várias partes do mundo que passam por EQMs.

Capítulo 11

PROVA Nº 9: VIDAS MUDADAS

> Se os homens definem situações como reais,
> elas são reais em suas consequências.
>
> — William Isaac Thomas

É difícil para a maioria de nós imaginar como é ter uma experiência de quase morte. Para começar, uma pessoa que teve uma quase morreu. Ninguém espera *quase* morrer, muito menos morrer. Como Sigmund Freud colocou de maneira sucinta: "Quando tentamos imaginar a morte, vemos a nós mesmos como espectadores".

Quando uma experiência de quase morte acontece, é, em geral, completamente diferente de qualquer coisa que uma pessoa poderia imaginar que lhe aconteceria. Quando pessoas que têm EQMs descrevem suas experiências como "sobrenaturais", geralmente não estão lhe fazendo jus. Palavras como "sobrenaturais" nem de longe explicam uma experiência que tira você do seu corpo físico e o leva a dimensões descritas tão nitidamente nas dezenas de relatos de EQMs que apresentamos até então.

BARREIRAS PARA COMPARTILHAR

É uma longa jornada desde a ocasião em que uma experiência de quase morte ocorre até que as mudanças que se seguem à experiência se manifestam por completo. Essas mudanças de vida englobam, com frequência, transformações nos valores e crenças da pessoa que passa pela EQM e nas relações que têm com os demais. Coletivamente, essas mudanças são chamadas de *efeitos posteriores*.

Pessoas que tiveram EQMs, muitas vezes me dizem que os efeitos posteriores foram a parte mais importante das experiências delas. Como veremos neste capítulo, os efeitos posteriores podem afetar dramaticamente a pessoa que passa pela EQM para o resto de sua vida. Para entender os efeitos posteriores da EQM, é útil fazer uma espécie de avaliação das pessoas que passam pelas EQMs, acompanhando o que acontece desde a ocasião da EQM até que os efeitos posteriores se manifestem completamente mais tarde na vida.

Para a pessoa que tem a EQM, a primeira mudança é geralmente se recuperar do que quase a matou. Depois de recobrar a consciência em seguida do acontecimento que colocou sua vida em risco, a pessoa que tem a EQM poderá ter de lidar com o choque do acontecimento que pôs sua vida em risco e da lembrança de sua experiência de quase morte.

Muita gente acredita que as pessoas que passam por uma EQM agarrariam com unhas e dentes a oportunidade de contar uma experiência tão dramática logo depois que acontece. Na realidade, esse não é geralmente o caso. Depois de se recobrar de quase ter morrido, se elas tentam contar sua história, em geral encontram outro desafio: podem deparar com indiferença e até reações negativas. É fácil entender como uma pessoa que tem uma EQM ficaria arrasada, tentando contar como a experiência foi extraordinária, mas ouvindo que a EQM foi devido aos medicamentos, a alucinações, a um sonho, ou que foi imaginária e não aconteceu de verdade. Quando as pessoas que passam por uma EQM encontram tais reações inadequadas da parte dos outros, podem reprimir a experiência e sua lembrança dela. Se o fazem, a possibilidade de que desenvolvam efeitos posteriores que melhorem sua vida é amplamente reduzida.

Somando-se à dificuldade que as pessoas que têm EQMs encontram para contar o que passaram, existe o aspecto de que as experiências de quase morte são, com frequência, tão sobrenaturais que pode haver a dificuldade de serem explicadas com palavras. As experiências de quase morte são, muitas vezes, chamadas de "inefáveis", não apenas porque são difíceis de explicar em palavras mas também porque pode ser difícil processar mentalmente essas espantosas experiências. As pessoas podem lutar por longo tempo para entender o que lhes aconteceu e podem acreditar que os outros não entenderão também.

Ainda assim, algumas pessoas que têm uma EQM tentam corajosamente contar sua experiência ao pessoal da equipe médica depois que ela ocorre. Às vezes, têm sorte o bastante de encontrar enfermeiros ou médicos que entendem EQMs e são simpáticos. Infelizmente, esse nem sempre é o caso. Muitos na profissão médica não estão informados sobre EQMs ou simplesmente não se importam. O resultado é uma reação negativa e um olhar que diz: "Você deve estar louco". Imagine como é traumático para as pessoas que passam por uma EQM encontrar reações como essa quando contam sua experiência.

Daniel, que vive no Peru, quase morreu de meningite. Eis o que aconteceu quando ele tentou contar sua experiência de quase morte:

> Contei a minha experiência a algumas pessoas e disseram que eu estava louco. Meu próprio médico fez com que eu obtivesse ajuda psiquiátrica porque contei que falei com Deus.

As pessoas que têm EQMs podem se sentir bem pouco à vontade para contar sua EQM ao pessoal da equipe médica. Esse foi o caso com Juanita, que quase morreu de hemorragia após o parto.

> Não contei ao meu médico nem às enfermeiras. Tive a sensação de que pensariam que eu fosse louca!

Não é de admirar que o pessoal médico tenha dificuldade em saber como reagir à experiência de quase morte de um paciente. Em princípio, a maioria dos pacientes não sabe como reagir a ela também. A natureza inesperada de uma EQM apresenta uma barreira significativa para contar a experiência. A maioria das pessoas que passam por uma EQM e que relatam seu estudo de caso à NDERF não sabia o que era uma experiência de quase morte na ocasião em que ela ocorreu. Há a seguinte pergunta a respeito na pesquisa da NDERF: "Você tinha algum conhecimento sobre uma experiência de quase morte (EQM) antes da sua experiência? Ressoantes 66,4% dos participantes — quase dois terços — responderam "Não". Apenas 12,7% das pessoas que tiveram uma EQM e participaram do estudo da NDERF acharam que sua experiência, quando ocorreu, englobou aspectos em conformidade com suas crenças. É compreensível que seria difícil falar sobre uma experiência tão profunda, especialmente se uma pessoa não acredita que algo desse tipo possa acontecer.

Essas barreiras para compartilhar EQMs esclarecem por que muitos indivíduos que têm EQMs não falam de sua experiência durante anos ou até décadas. Entretanto, a grande maioria das pessoas que têm EQMs — mais de 90% na pesquisa da NDERF — eventualmente acabou contando sua experiência a outras pessoas.

MUDANÇAS TRANSFORMADORAS

Enquanto as pessoas que têm uma experiência de quase morte normalmente a relatam primeiro à família mais próxima e ao cônjuge, descobrimos no estudo da NDERF que, com o tempo, muitas, de fato, falam sobre sua EQM livremente, inclusive sobre os efeitos posteriores e mudanças positivas que aconteceram em sua vida em decorrência da experiência. A versão original do questionário de estudo da NDERF perguntou: "A sua vida mudou especificamente em decorrência de sua experiência?" Dos participantes, 73,1% responderam "Sim", 12,7% responderam "Impreciso" e apenas 14,2% responderam "Não". Desse modo, a grande maioria, mas não todas, das pessoas que tiveram uma EQM passaram por mudanças na vida como resultado de sua experiência de quase morte.

A porcentagem dos participaram que optaram por "Não" em resposta a essa pergunta da pesquisa deve ser interpretada com cautela. Algumas das pessoas que tiveram EQMs participaram da pesquisa pouco tempo depois de sua experiência de quase morte. Poderão passar por mudanças mais adiante em sua vida em decorrência da experiência. Outros estudos vêm mostrando que decorre um longo período de sete anos ou mais para que uma pessoa que teve uma experiência de quase morte implemente totalmente em sua vida as mudanças resultantes da experiência. O pesquisador de experiência de quase morte P. M. H.

Atwater estudou o assunto e concluiu: "Minha pesquisa demonstrou que uma criança média ou adulto que passaram pela experiência levam no mínimo de sete anos para se adaptar com êxito ao que lhes aconteceu".[1]

Muitos efeitos posteriores diferentes de experiências de quase morte foram descritos em estudos prévios. Um dos primeiros estudos descobriu que as pessoas que passaram por uma EQM descreveram mais autoconfiança, um senso mais forte de espiritualidade, um interesse reduzido em ganho material ou *status* e maior apreciação e valorização da vida.[2] Mais tarde, pesquisas encontraram uma miríade de outros efeitos posteriores, incluindo uma crença na qualidade sagrada da vida, uma sensação da presença de Deus e uma percepção de significado e propósito na vida. As pessoas que têm uma EQM, em geral se tornam cada vez mais cientes das necessidades dos outros e dispostas a uma maior aproximação deles. Podem buscar viver a vida de modo mais pleno e alegre. Pessoalmente falando, acho que o mundo precisa de muito mais pessoas com valores como esses.

Depois de sua experiência de quase morte, muitas pessoas se tornam mais religiosas ou espiritualizadas. Podem ser tornar cada vez mais devotadas às suas práticas religiosas preexistentes. Outros indivíduos que têm uma EQM acabam ficando menos interessados em práticas religiosas tradicionais, especialmente se seu grupo religioso foi indiferente ou negativo em relação à sua EQM.

As experiências de quase morte geralmente produzem não apenas um efeito posterior, mas muitos. O desenvolvimento desses grandes desafios a ponto de se tornarem valores e entendimentos leva tempo. Também exige muito esforço. Num verdadeiro sentido, pessoas que passam por uma EQM podem se sentir renascidas com suas novas crenças e valores. Aqueles que manifestaram mudanças substanciais podem parecer que se tornaram indivíduos completamente diferentes aos olhos de seus amigos e familiares. A grande maioria das pessoas que têm uma EQM acha que os efeitos posteriores são positivos e melhoram a vida. É bastante incomum que as pessoas que passam por uma EQM tenham efeitos posteriores negativos prolongados ou que estes piorem sua vida, embora tais situações tenham sido relatadas.

O fato de passarem por uma mudança de valores pode levar pessoas que tiveram uma EQM a reavaliar seu emprego. Por exemplo, na ocasião de sua experiência de quase morte podem ter estado em ocupações que valorizavam competição implacável e uma mentalidade de "vencer a qualquer custo". Com os seus valores mudando rumo à compaixão e com uma diminuição de crenças materialistas, agora descobrem que tais ocupações são gradualmente conflitantes com sua nova maneira de ver o mundo. Não mais compartilhando dos valores de seu local de trabalho, elas podem mudar de ocupação. Em contrapartida, se as ocupações delas enfatizam interações interpessoais positivas e incentivam o auxílio ao próximo, seus valores relacionados à compaixão podem resultar no alcance de um desempenho excepcional no emprego.

Pessoas que passam por experiências de quase morte podem reavaliar seus relacionamentos interpessoais existentes. Podem encontrar a coragem para terminar relacionamentos negativos e sem amor. Com frequência, elas buscam relacionamentos positivos e amorosos que estejam mais de acordo com os seus novos valores. Muitas pessoas que têm uma EQM descobrem que sua crescente interação amorosa e cheia de compaixão com os demais resultam em casamentos e relacionamentos mais fortalecidos.

Os céticos alegam que todos esses efeitos posteriores depois de uma EQM se devem mais a experiência de quase ter morrido do que à EQM propriamente dita. Talvez, declaram, seja o fato de as pessoas terem visto a morte de perto, não a EQM, que explique as mudanças de vida que acontecem depois. Mais uma vez, conforme vimos coerentemente ao longo deste livro, os fatos contradizem as alegações dos céticos.

Dois estudos prospectivos de sobreviventes de parada cardíaca descobriram que é principalmente a experiência de quase morte e não apenas o fato de terem visto a morte de perto que resulta nos efeitos posteriores positivos que mudam a vida das pessoas.[3] Em ambos os estudos, todos os participantes tiveram uma parada cardíaca e quase morreram. Os participantes do estudo foram divididos em dois grupos: aqueles que tiveram uma experiência de quase morte e os que não tiveram. Os estudos avaliaram efeitos posteriores em ambos os grupos. Ambos os estudos descobriram que as pessoas que tiveram uma EQM descreveram muito mais efeitos posteriores do que os sobreviventes de parada cardíaca que não tiveram uma EQM. Ambos os estudos descobriram que os efeitos posteriores relatados por pessoas que tiveram uma EQM aumentam com o tempo.

Três estudos também descobriram que EQMs com conteúdo mais detalhado, geralmente mencionado como mais "profundo" na EQM, estavam fortemente relacionadas com a ocorrência de mais efeitos posteriores.[4] Esses estudos ratificam que são principalmente as experiências de quase morte que resultam nos efeitos posteriores.

As mudanças vividas por pessoas que passam por uma EQM são geralmente profundas e duradouras. O dr. Pim van Lommel, pesquisador médico da Holanda que foi mencionado em outras partes deste livro, descobriu muito sobre as transformações por que passam aqueles que têm uma EQM em seu estudo de sobreviventes de parada cardíaca. Eis o que ele teve a dizer sobre os efeitos transformadores das EQMs:

> [Meu trabalho] destinou-se a avaliar se a transformação da atitude perante a vida e a morte após uma EQM decorre do fato de se ter tido uma EQM ou da parada cardíaca em si. Nessa pesquisa de acompanhamento dos processos de transformação após a EQM, descobrimos uma diferença significativa em pacientes com e sem uma EQM. O processo de transformação levou vários anos para se consolidar. Pacientes com uma EQM não demonstraram medo algum da morte, acreditavam fortemente na vida após a morte e sua percepção do que é importante na vida mudou: amor e compaixão por si mesmo, pelos outros e pela natureza. Agora, entendiam a lei cósmica de que tudo o que uma pessoa faz aos outros um dia voltará para si mesma: ódio e violência como também amor e compaixão. Notavelmente, houve com frequência evidência do aumento de sentimentos intuitivos. Além disso, os efeitos de transformação de longa duração de uma experiência que dura apenas poucos minutos foi uma descoberta surpreendente e inesperada.[5]

Vamos examinar mais de perto alguns dos mais comuns e interessantes efeitos posteriores da EQM.

Aumento do Valor de Interações Amorosas

Amor é uma das palavras mais comuns que as pessoas que passam por uma EQM usam para descrever sua experiência, e por uma boa razão. As pessoas que têm uma experiência de quase morte frequentemente se tornam mais amorosas em suas interações com os outros e valorizam crescentemente relações positivas e empáticas. Ocasionalmente, o desejo daqueles que têm uma EQM de interagir com compaixão com os outros os levam a mudar de emprego e a ingressar em profissões ligadas à cura. Ao responderem ao questionário do estudo da NDERF "Seus relacionamentos mudaram especificamente em decorrência de sua experiência?", 57,3% responderam "Sim", e muitos acrescentaram comentários.

Jewel, que quase se afogou enquanto praticava surfe de peito, escreveu:

> Certamente é do melhor interesse de você mesmo e de todos que você conhece ser o mais bondoso e cordial possível. Trate a todos como você gostaria de ser tratado. Conhecemos simplesmente outra versão de nós mesmos a cada dia.

Rusty, que quase morreu por perda de sangue, escreveu:

> Minha visão da vida e do que considero ser importante mudou. Minhas experiências e interações com outras pessoas, especialmente com minha família, adquiriram importância.

Donna, que foi quase estrangulada até a morte, relatou:

> Fui retraída e vítima antes. Eu atraía pessoas más e não via isso. Ainda pareço atrair alguns tipos ruins, mas vejo isso. Sou bastante independente, forte, focada, mas também posso ser bastante amorosa e afável. Eu tenho menos e preciso de menos relacionamentos, mas os que tenho são mais significativos.

Gwen, cujo coração parou em decorrência de uma pneumonia, escreveu:

> Nunca fui paciente antes; agora tenho muita, muita paciência. Tenho bastante discernimento também, o que não tinha antes. Sinto empatia e entendo que nenhum de nós jamais será perfeito nesta vida.

Embora as pessoas que passam por uma EQM tenham a tendência de se tornar mais cheias de compaixão e amorosas, o estudo da NDERF mostra que as mudanças vivenciadas pelas pessoas que têm uma EQM podem não ser bem recebidas por aqueles à volta delas. Amigos e familiares podem achar difícil conviver com mudanças em valores e interesses que acontecem como consequência de uma experiência de quase morte. Também, as pessoas que passam por uma EQM podem estar menos dispostas a tolerar relacionamentos que não são amorosos. Uma delas, Joyce, colocou a situação de maneira sucinta:

> Acho que isso plantou uma semente que me ajudou a escolher melhores parceiros para mim mesma e nunca mais estar em outro relacionamento abusivo.

No geral, porém, as pessoas que passam por uma EQM tendem a amar e a aceitar crescentemente mais a *si mesmas*. Isso se nota especialmente se sua EQM resultou de uma tentativa de suicídio, em cujo caso a pessoa que teve a EQM raramente tentará suicídio outra vez.[6]

Um estudo de 1975, antes que as experiências de quase morte fossem bem conhecidas, apresentou os resultados de entrevistas com sete de apenas dez sobreviventes conhecidos que pularam da Golden Gate Bridge. Todas as sete dessas pessoas que tentaram suicídio descreveram efeitos posteriores de renascimento espiritual e transformação de vida. Como um dos que saltou da ponte disse: "Isso afirmou a minha crença — existe um mundo espiritual mais elevado. Vivenciei uma transcendência — nesse momento fui preenchido com nova esperança e propósito de estar vivo".[7]

Em raras ocasiões, recebo e-mails de pessoas, com frequência em meio à depressão, perguntando-se se deveriam tentar suicídio como um meio de induzir uma experiência de quase morte. Minha resposta é um imediato "absolutamente não". Encorajo aqueles que estão deprimidos a buscar terapia e também a conversar sobre seus problemas com seu médico. Pessoas que tiveram experiências de quase morte em decorrência de tentativas de suicídio acreditam quase na totalidade que suas tentativas de suicídio foram um grave erro. Uma experiência pessoal de EQM *jamais* deve ser buscada provocando-se uma ocorrência de risco de vida.

O PODER DE CURA DAS EQMs

Como médico, fico fascinado com os relatos de EQM que sugerem curas inesperadas. Essas curas inexplicáveis são incomuns, mas assim mesmo merecem ser mencionadas. Não posso afirmar com certeza que curas inexplicáveis aconteçam após as EQMs, mas os relatos de caso que recebemos sugerem que isso pode estar ocorrendo. Uma coisa de que posso ter certeza a partir da minha pesquisa é que a possibilidade de curas inexplicáveis merece mais atenção na pesquisa de EQM do que recebeu no passado.

Anita é de Hong Kong e estava morrendo do estágio 4 do linfoma de Hodgkin. Dizer que ela estava morrendo não é exagero: o oncologista chefe deu-lhe 36 horas de vida. Anita ficou inconsciente. Ela teve uma experiência fora do corpo e foi capaz de ver o médico conversando com o seu marido a cerca de 40 passos adiante no corredor, fora do quarto. Mais tarde, ela confirmou suas observações de EFC com o marido, que ficou "chocado". A cura associada com a experiência de quase morte dela está entre as mais dramáticas já relatadas. Anita conta o que aconteceu:

Me fizeram entender que, como exames tinham sido realizados para as funções dos meus órgãos (e os resultados ainda não estavam prontos), que se eu escolhesse a vida os resultados mostrariam que os meus órgãos estavam funcionando normalmente. Se eu escolhesse a morte, os resultados mostrariam falência nos órgãos como a causa da morte, devido ao câncer. Fui capaz de mudar o resultado dos exames por minha escolha!

Fiz a minha escolha e, conforme comecei a acordar (num estado bastante confuso, uma vez que não podia dizer naquela ocasião em que lado do véu eu estava), os médicos entraram rapidamente no quarto com largos sorrisos no rosto, dizendo à minha família: "Boas notícias — obtivemos os resultados, e os órgãos dela estão funcionando —, mal podemos acreditar! Parecia realmente que o corpo dela havia entrado em colapso!

Depois disso, comecei a me recobrar depressa. Os médicos haviam esperado que eu me recobrasse antes de fazer uma biópsia de nódulo linfático, para verificar quais eram os tipos de célula cancerígena, e nem sequer conseguiram encontrar um nódulo linfático grande o bastante para sugerir câncer. (Quando dei entrada no hospital, meu corpo estava repleto de nódulos linfáticos inflamados.) Eles fizeram uma biópsia de medula óssea, novamente para encontrar a atividade do câncer para poderem ajustar a quimioterapia de acordo com a doença, e não havia nenhum câncer na medula óssea. Os médicos ficaram bastante confusos, mas atribuíram o fato a eu ter reagido subitamente à quimioterapia. Pelo fato de eles mesmos terem sido incapazes de entender o que estava acontecendo, me submeteram a exame após exame, e passei em todos com louvor. O fato de passar em cada exame me fortaleceu ainda mais! Fui submetida a uma tomografia computadorizada completa e, como não conseguiram encontrar nada, fizeram com que o radiologista a repetisse!

Graças à minha experiência, agora estou contando a todos que sei que milagres são possíveis em sua vida todos os dias. Depois do que vi, compreendo que absolutamente tudo é possível e que não viemos aqui para sofrer. A vida foi feita para ser ótima, e nós somos muito, muito amados. A maneira como encaro a vida mudou drasticamente, e eu estou contente demais por ter recebido uma segunda chance de vivenciar o "paraíso na terra".

Um relato de caso de incrível cura após uma experiência de quase morte veio de Geralyn. Aos 13 anos de idade, Geralyn estava lutando pela vida. Ela tinha o estágio mais avançado de uma doença extremamente agressiva chamada linfoma de Burkitt. Tanto a sua experiência de quase morte quanto a sua cura foram dramáticas:

> Havia três meses que eu havia recebido o diagnóstico de linfoma de Burkitt. Na época, devido à minha idade (13 anos), não me informaram sobre a gravidade da doença. Apenas os meus pais e familiares mais velhos sabiam que haviam me dado 1% de chance de sobreviver. Na verdade, os médicos lhes disseram que eles deviam se preparar para as minhas "providências", uma vez que acreditavam que eu não sobreviveria a essa doença. A doença havia devastado o meu corpo, e o baço, o fígado e os intestinos estavam cheios de tumores.
> Numa noite, enquanto estava internada, eu comia pipoca quando, de repente, comecei a sentir uma dor imensa no estômago. Senti a necessidade de evacuar, mas não consegui. Dois dias depois, eu ainda não conseguia e comecei a regurgitar a comida. Descobriram que um grande tumor estava bloqueando os meus intestinos. Fui enviada imediatamente para a cirurgia.
> Durante a cirurgia, eu morri. Por quanto tempo, não sei dizer, mas não tive nenhuma sensação de morrer. Passei de estar deitada na mesa a flutuar no ar acima dos médicos. Observei enquanto retiravam os meus intestinos, colocando-os cuidadosamente ao lado do meu corpo, e então começaram a correr de lá para cá (presumo que numa tentativa de me ressuscitar). Nesse meio tempo, comecei a me elevar e, de uma só vez, pareceu que eu soube de tudo o que havia para saber. Pareceu como se todos os mistérios do mundo estivessem sendo revelados. Entendi ciência, matemática, a vida! Simultaneamente, pude ver pessoas abaixo de mim em outras salas;

vi minha avó e a minha tia-avó chorando do lado de fora do centro cirúrgico. Vi outros pacientes sendo tratados em outras salas de cirurgia. Vi pessoas do lado de fora do hospital. Vi tanta coisa e continuei subindo.

Então, instantaneamente como subi, fiquei instantaneamente presente dentro de algo que se parecia com uma nuvem. Não digo que era uma nuvem, mas era brilhante, branca e suave. Senti o completo abraço do amor. E eu soube que estava num lugar de grande segurança e calor. Vi o que poderia ter sido anjos, três. Eles transmitiam muita paz e faziam parte dessa "nuvem", como se estivessem ligados diretamente a ela. Não me disseram nada, mas, ainda assim, senti a grandeza e a alegria deles. Eu estava feliz, em paz e desejei estar entre eles.

De repente, uma grande mão veio na minha direção. Nem sequer consigo expressar seu tamanho, uma vez que tudo lá era mais do que palavras poderiam exprimir. Tudo que sei é que era uma mão não ameaçadora e que brilhava com uma luz dominante. Então, ouvi uma voz que pareceu suave, mas, ainda assim, autoritária, me dizer: "Minha criança, volte, pois resta a você muito trabalho a fazer!" Voltei instantaneamente ao meu corpo. Instantaneamente! Quando acordei, contei aos médicos o que os vi fazendo em mim durante a operação. Ficaram surpresos com a minha [descrição] precisa de seu trabalho. Na verdade, haviam removido 75 centímetros do meu intestino. Ainda assim, não acreditaram na história. Também me lembro de ter-me sentido zangada por ter tido de voltar. Sabia que estava curada. Os médicos ficaram atônitos em descobrir que depois de apenas um tratamento com quimioterapia os tumores haviam desaparecido. E esse tratamento foi feito contra a minha vontade, uma vez que eu era jovem demais para que eles dessem ouvidos à minha objeção. E, 37 anos depois, ainda estou aqui.

Outra história de cura inexplicável veio de um homem chamado Denver que vivia na Flórida. Denver estava no hospital com coágulos de sangue nos pulmões, um quadro bastante perigoso que, com frequência, leva à morte. Como Denver respirava com muita dificuldade, o médico decidiu lhe administrar altas doses de medicação para afinar o sangue.

Embora essa medicação tenha começado a tratar dos coágulos, outro problema igualmente sério surgiu. O estômago e outros órgãos de Denver começaram a apresentar hemorragia devido à alta dose de medicação para afinar o sangue.

A mãe de Denver foi informada de que o rapaz só tinha 15% de chance de sobreviver. Durante a noite, já beirando a morte, Denver teve uma experiência de quase morte. Em sua EQM, lhe perguntaram se ele estava "preparado para partir". Ele respondeu que não e continuou se agarrando à vida. O médico decidiu transferi-lo para um hospital regional maior, onde as chances de sobrevivência dele seriam maiores.

Denver foi transferido rapidamente para o hospital regional. Ele conta o restante da história:

> Quando cheguei, 45 minutos depois, ao hospital regional, e o especialista começou a fazer radiografias e os outros exames, ele ligou para o médico em Niceville, bastante frustrado. O médico [de Niceville] repetiu o que ele disse: "Doutor, o senhor me mandou um garoto moribundo precisando de cirurgia, e que raios me partam, mas não consigo encontrar coisa alguma errada com ele!" O médico ficou abismado! Posteriormente, durante minhas consultas de acompanhamento com o médico depois de ter recebido alta da UTI, o médico repetiu continuamente que não via alternativa a não ser chamar isso de um milagre de Deus!

Muitos desses exemplos de curas aparentemente inexplicáveis associadas com experiências de quase morte foram partilhados com a NDERF. Repetidas vezes, as pessoas que escrevem esses relatos usam palavras como *milagre* ou *eu fui curado*.

Um dos melhores exemplos documentados de cura após uma experiência de quase morte foi relatado pela dra. Penny Sartori e colegas.[8] A EQM que ela descreveu fez parte de um estudo prospectivo de experiências de quase morte. Esse relato de caso foi notável tanto pela precisão das observações fora do corpo durante a EQM como também pela inexplicável cura após a EQM.

O paciente neste relato de caso foi submetido a uma cirurgia de emergência devido a câncer no intestino. Enquanto se recuperava da cirurgia, seu quadro clínico se agravou e ele entrou em coma. Profundamente inconsciente e com os olhos fechados, ele teve uma experiência de quase morte. Sua EQM incluiu uma experiência fora do corpo com observações detalhadas de acontecimentos ao redor de seu corpo. Após sua recuperação, ele descreveu o que viu acontecer ao seu redor enquanto estava inconsciente. Suas observações de EFC foram confirmadas como precisas por aqueles que o trataram durante a experiência de quase morte.

Esse homem que teve uma EQM nasceu com paralisia cerebral. Em consequência, tinha uma mão contraída e deformada, a qual, ao longo da vida não conseguiu abrir completamente. Após sua EQM, ele conseguiu abrir e usar a mão pela primeira vez na vida. Essa cura inexplicável em termos médicos foi comprovada pela família dele e pela equipe médica.

Não sei como essas curas acontecem ou se sequer acontecem como resultado das EQMs. Sei bem, no entanto, que um número significativo de pessoas que passam por uma EQM manifestam a crença de que foram curadas durante a EQM, o que é razão para maiores pesquisas. Explorar mais profundamente essas curas aparentemente milagrosas será um rumo que seguirei no futuro.

Mudanças Psíquicas

Há muitas pessoas que têm dificuldade em aceitar qualquer coisa rotulada de "psíquica". Posso entender isso, uma vez que me sentia dessa maneira antes de começar minha pesquisa sobre experiências de quase morte. Entretanto, conforme li mais a respeito de EQMs, tomei conhecimento de dezenas de artigos acadêmicos que descreveram efeitos posteriores paranormais de EQM.[9]

Pessoas que têm experiências de quase morte acreditam, com frequência, que têm um aumento de suas habilidades psíquicas depois de sua experiência. Não são pessoas que olham em bolas de cristal ou que se vestem como ciganos. Ao contrário, são indivíduos bastante comuns, mas com uma grande diferença: sua vida comum foi permeada por uma EQM extraordinária. Após suas EQMs, muitos descrevem habilidades psíquicas como empatia (habilidade de saber como outra pessoa se sente), intuição, ou capacidade cognitiva.

No estudo da NDERF, 45% dos participantes responderam "Sim" à pergunta "Você passou a ter dons mediúnicos, paranormais ou outros dons específicos após a experiência que você não possuía antes dela?" Dos restantes, 19,1% não tiveram certeza e 35,9% responderam "Não". Embora uma resposta positiva de 45% dos participantes seja surpreendente, acho que o número real possa ser maior. As pessoas que tiveram uma EQM quando eram crianças pequenas na época de sua experiência podem não saber se seus atuais dons paranormais estavam presentes antes da EQM. Também, alguns indivíduos que passam por uma EQM descrevem aumento acentuado das habilidades psíquicas imediatamente após suas experiências, que diminuem num período variável.

Aqui estão apenas algumas de muitas histórias que compilamos na NDERF. Esses exemplos lhe darão uma ideia de algumas das habilidades psíquicas descritas pelas pessoas que têm EQMs.

Romona estava num barco de alumínio que bateu numa barcaça e virou. Romona ficou presa debaixo da barcaça. Lutando para alcançar a superfície, ela ficou sem ar e sentiu que deixava o corpo. Ela disse que se sentiu "bem e muito feliz" nesse estado fora do corpo.

Resgatada e submetida à ressuscitação, Romona descobriu que adquiriu efeitos posteriores paranormais. Um de seus melhores exemplos surgiu quando estava ao telefone com sua irmã. Romona conta a história:

> Meu cunhado [Bob] morreu no ano 2000. Ele não acreditava na vida após a morte. Eu estava ao telefone com a minha irmã [Marsha], que morava em Walnut Creek, na Califórnia. De uma só vez, pude apenas ver amarelo, como se alguém tivesse colocado uma folha de papel amarela diante dos meus olhos. Então, isso desapareceu, e a minha saleta pareceu estar cheia de bolhas de sabão, milhares de bolhas. Isso continuou acontecendo — a cor amarela e, então, desaparecendo; milhares de bolhas e, então, desaparecendo. Em seguida, houve uma voz na minha cabeça dizendo: "Diga a ela, diga a ela, diga a ela". Tornou-se tão alta que eu nem sequer conseguia ouvir mais a minha irmã. Então, falei: "Marsha, tenho de lhe dizer uma coisa. Não faz sentido, não estou louca, mas tenho de lhe dizer: bolhas de sabão amarelas". Ela não pôde acreditar. Ficou feliz, feliz demais. Ela, então, me contou que numa noite ela e... Bob assistiram a um filme chamado *Houdini, o Homem Miraculoso*. Bob estava fazendo um comentário sobre não existir vida após a morte. Marsha lhe disse que pensaria numa palavra secreta... e quem quer que fosse primeiro — se existisse vida após a morte — de algum modo transmitiria a palavra secreta para aquele que havia ficado aqui. Para a minha surpresa, essas eram as palavras secretas: bolhas de sabão amarelas. Ela as escolheu porque isso não fazia sentido; ninguém iria dizer essas palavras do nada.

Márcia estava debaixo de uma estrutura de 1,5 tonelada quando ela desmoronou. Márcia teve uma experiência fora do corpo e, em seguida, os falecidos pai e irmã apareceram para ela. A irmã havia morrido de câncer no cérebro vários anos antes, e o pai morrera cerca de quatro meses antes. O pai ficou lhe dizendo para respirar.

Márcia sobreviveu. Após sua EQM, Márcia passou a ter premonições sobre acontecimentos futuros. Esta é uma das mais espantosas:

> Acordei numa manhã e disse ao meu marido que um amigo e colega de trabalho dele havia morrido. Eu havia falado com esse homem ao telefone em determinada altura no decorrer de um período de 15 anos, mas eu nunca [o] conheci. Não era uma pessoa sobre a qual eu pensasse. Apenas falei num tom corriqueiro ao meu marido que ele havia morrido. Pouco tempo depois, meu marido recebeu um telefonema, e um amigo lhe disse que esse homem havia morrido... Quando o meu marido recebeu o telefonema e o homem lhe falou quem havia morrido, meu marido comentou que ele já sabia a respeito. Então, meu marido lembrou que fui eu quem lhe contou. Tive outras premonições acerca de coisas que iam acontecer, mas não foram coisas que abalam a vida. Eu apenas sabia de coisas diferentes que iam acontecer antes que elas realmente acontecessem.

Adoro a naturalidade com que as pessoas que passam por uma EQM contam sobre esses acontecimentos paranormais. Como uma pessoa que teve uma EQM disse ao meu coautor: "Passei a me dar conta de que todos temos a habilidade de "decifrar" uns aos outros. Existe algo na experiência de quase morte que desencadeia essa habilidade em nós".[10]

Embora tenha havido um volume substancial de pesquisas sobre os efeitos posteriores das experiências de quase morte, poucos pesquisadores testaram diretamente as habilidades psíquicas das pessoas que passam por uma EQM. Essa certamente será uma importante área para pesquisa futura da EQM.

Se descobri algo criando a fundação NDERF foi que as experiências de quase morte resvalam numa vida inteira de perguntas que, para que uma seja respondida, mais uma dúzia delas surgem.

Diminuição do Medo da Morte

Poucos de nós enfrentam a mortalidade tão diretamente quanto as pessoas que tiveram experiências de quase morte. Apesar de terem a assustadora experiência de quase morrer, a maioria das pessoas que têm uma EQM não relata um aumento no seu medo da morte, mas, em vez disso, uma diminuição de seu medo ou o desaparecimento total dele. Essa é uma descoberta constante em um número de estudos previamente publicados.[11] Aqui, de maneira sucinta, está o que as pessoas que passaram por EQMs têm a dizer sobre a morte:

Catherine, que quase morreu após cirurgia, relatou:

> Sempre tive pavor da morte, do esquecimento. Não temo mais a morte.

Lauren foi declarada como morta pela equipe do pronto-socorro quando de sua chegada após um grave acidente. Escreveu:

> Não tenho mais medo da morte. Sei agora em minha alma que existe muito mais após a vida. Sinto que uma vez que tiver aprendido o que quer que seja que devo aprender ou tiver cumprido uma tarefa

que tenho de completar, que serei recompensada com uma vida após a morte!

Sharla, que quase morreu de uma parada respiratória, escreveu:

A parte mais significativa da experiência é que não existe (para mim) nada a ser temido em relação à morte.

O medo da morte é uma das mais poderosas fontes de ansiedade da humanidade. Há muitas pessoas hoje que têm tanto medo da morte que são incapazes de viver a vida plenamente. Para essas pessoas, esse medo pode se estender para além do medo de sua própria morte; podem se preocupar indefinidamente com a vida e a saúde de outras pessoas. A mensagem que as pessoas que têm uma EQM partilham, incluindo sua constante descrição da diminuição ou término do medo da morte, é tão poderosa que não fico surpreso quando as pessoas me dizem que seu medo pessoal da morte diminuiu só com a leitura de relatos de experiências de quase morte.

Aqueles que têm uma experiência de quase morte ainda podem temer o processo em si de morrer. Morrer geralmente engloba desconforto, embora a medicina moderna tenha alcançado tremendo progresso em amenizar esse desconforto. Morrer também envolve uma separação das pessoas amadas e de tudo com que se está familiarizado no mundo. Entretanto, a grande maioria das pessoas que passaram por EQMs acredita que vivenciou em primeira mão o que há para além da morte. E o que vivenciaram para além da soleira da morte deixa muitas delas sem medo quando pensam na morte. Para a maioria das pessoas que passam por uma EQM, sua falta de medo da morte está associada a uma convicção de que a morte não é o final e que uma vida maravilhosa após a morte é real.

À sua própria maneira, a experiência de quase morte tem um efeito de cura na maioria das pessoas que a vivencia. Pessoas que tem uma experiência de quase morte podem nunca mais sentir medo da morte. Embora não se tornem necessariamente mais religiosas, as pessoas que têm EQMs declaram, com frequência, que se tornam mais espiritualizadas e, com essa mudança, vem uma crença na qualidade sagrada da vida e um conhecimento especial que serve para guiá-las pelo resto da vida.

Aumento da Crença na Vida Após a Morte

Pessoas que têm uma experiência de quase morte ficam geralmente convencidas de que, após a morte corporal, uma maravilhosa vida para além desta as aguarda. Acreditam que vivenciaram pessoalmente a vida após a morte, e estão convencidas de que é real. No *site* da NDERF, indivíduos que tiveram uma experiência de quase morte foram bastante abertos na descrição da vida após a morte que encontraram. Temos centenas de descrições do que muitas pessoas que tiveram EQMs descrevem como "planos celestiais". Quando estas são lidas consecutivamente, elas fornecem uma visão impressionista de como se parece o céu das EQMs. Eis alguns exemplos para ilustrar o que quero dizer.

David, que teve uma experiência de quase morte depois de ter tido morte clínica no hospital, escreveu:

> A pradaria ou campo em que me encontrei caminhando, a sensação de felicidade [que] cada pedacinho de grama dava, aquilo era decididamente bonito, especial e extraordinário.

Robin, que teve uma experiência de quase morte durante um ataque do coração, relatou:

> Com um EEG plano, fui para um lugar que era lindamente iluminado — como a luz do sol, mas muito mais bonito e dourado (uma espécie de tons de sépia). Pareceu como um bairro, e me mostraram a todas as pessoas que eu amava e das quais sentia falta, e elas estavam todas muito felizes.

Kristin, após uma grave crise epiléptica que fez parar seu coração e sua respiração, relatou:

> Eu me sinto tão cafona dizendo isto, uma vez que é tão estereotipado, mas havia sempre uma luz branca brilhante, e eu estava indo na direção dela, e uma vez que cheguei lá e a toquei, tudo era lindamente branco, cintilante e morno; o aroma era doce e convidativo, como bolinhos ou açúcar quente de baunilha. Havia uns... "seres sobrenaturais", e eles conversaram comigo.

Ruben, cuja experiência de quase morte aconteceu durante uma parada cardíaca, relatou:

> Em princípio, eu estava flutuando, rodeado por uma luz bastante branca e brilhante e, conforme desci, notei que a luz branca não era apenas luz: havia nuvens muito, muito brancas [que] eu estava atravessando. Depois de atravessar as nuvens, eu me vi descendo na direção de uma paisagem bastante bonita, com campos verdejantes, rios, borboletas e pássaros. Eu estava me movendo na direção de uma colina com uma árvore no topo. Não consigo expressar em palavras a sensação que tive, mas era tão maravilhosamente tranquilizadora que existe o desejo de voltar e sentir tudo outra vez.

É a experiência desse tipo de realidade celestial que contribui para a crença daqueles que têm uma EQM na vida após a morte e para a diminuição de seu medo da morte — e, a propósito, de sua diminuição do medo da vida. Quando as pessoas que tiveram uma EQM finalmente processam sua experiência o bastante para falar a respeito, podem compartilhar sua experiência para ajudar outras pessoas que estão sofrendo, sentindo-se desesperançadas ou duvidando da vida após a morte. Aqui estão alguns relatos tocantes e inspiradores de pessoas que tiveram EQMs e que se aproximaram de outras no intuito de partilhar sua convicção de que a vida após a morte existe de fato, e o profundo consolo que isso dá a outros cujos entes amados morreram.

Mark foi acometido de uma morte cardíaca súbita e teve uma EQM completa, na qual deixou seu corpo e foi para uma dimensão celestial. Quando voltou à vida, Mark foi abençoado com habilidades psíquicas o bastante para ser capaz de "decifrar" algumas pessoas. Uma das primeiras pessoas a ser beneficiada com essas habilidades recém-adquiridas foi uma enfermeira no consultório de seu cardiologista:

> Conversei com uma enfermeira no consultório em agosto, cerca de três meses depois. Ela tinha todos os meus registros e me disse: "Você certamente teve uma experiência e tanto!" Pude pressentir que ela estava sofrendo e, assim, depois que ela me examinou, eu lhe contei o que vi e senti. Ela me falou que o que acabara de lhe contar era reconfortante, uma vez que perdera seu pai menos de um ano antes. Ela me agradeceu por eu ter-lhe contado tudo e eu saí. Eu a vi novamente dois meses depois. Ela havia se transformado de uma pessoa bastante retraída e tímida [em] uma [pessoa com uma] aparência confiante, bem-vestida. Não convencida! Autoconfiante, um sorriso largo no rosto, uma atitude alegre. Ela queria muito me ajudar com os meus problemas, e me ajudou, e, quando eu estava deixando o consultório do médico, ela fitou os meus olhos, indo além deles até a minha alma, e disse simplesmente: "Obrigada". Essa é uma das razões pelas quais acredito que fui enviado de volta.

Anne quase morreu de hemorragia alguns dias após o parto. Sua experiência, que envolveu flutuar por um túnel e se mover na direção de uma luz, foi algo que manteve guardado consigo. Então, recebeu a notícia de que seu pai estava morrendo e foi visitá-lo, na Flórida. Dando-se conta de que não o veria mais, Anne lhe contou a sua experiência.

> No dia em que parti para voltar para casa para a minha família, sentei na cama dele e, enquanto nos despedimos, ambos sabendo que seria a última vez que nos veríamos, eu lhe contei sobre a minha experiência no intuito de facilitar a passagem dele. Ele me agradeceu imensamente e disse que isso ajudou a afastar seu medo.

A crença na vida após a morte é um dos mais comuns efeitos posteriores da EQM. É fácil compreender por que as pessoas que têm uma EQM geralmente acreditam que existe vida após a morte. Acreditam que estiveram lá. Podem ter conhecido dimensões que são mais magníficas que qualquer coisa na terra. E todos os outros elementos da EQM, incluindo a experiência fora do corpo, o encontro de luz mística, a recapitulação de vida e a reunião com entes amados falecidos, apontam para uma continuidade da existência com alegria e beleza que transcende a morte física.

As pessoas que passam por uma EQM são virtualmente unânimes de que a vida após a morte é para todos nós, não apenas para aqueles que tiveram EQMs. Isso está certamente em conformidade com a descrição uniforme delas da vida após a morte como uma dimensão amorosa e de inclusão, uma dimensão para todos nós.

Durante décadas, as EQMs têm sido uma mensagem de esperança para milhões de pessoas de que existe vida após a morte tanto para si mesmas quanto para seus entes amados. Com as mais recentes pesquisas científicas sobre EQM, incluindo as novas descobertas do estudo da NDERF, essa mensagem de esperança sobre a vida após a morte está se tornando uma promessa.

UM PEDACINHO DA VIDA APÓS A MORTE

O estudo da NDERF revelou muito sobre os efeitos posteriores das experiências de quase morte. Ele mostrou a força do espírito humano em acreditar que enfrentar a morte não é o fim, mas o começo. As experiências de quase morte geralmente conduzem a uma vida mais rica e plena. São transformadoras numa miríade de maneiras, inspirando amor, criando empatia e formando um elo mais profundo entre aqueles que as têm e os demais. Como um homem chamado Colin, que teve uma experiência de quase morte, disse: "Tenho sido capaz de desenvolver amizades profundas e plenas. Sinto a necessidade de amizade muito mais do que sentia antes da experiência. Sou capaz de ser um amigo melhor".

O fato de que as experiências de quase morte causam transformações é uma poderosa evidência da vida após a morte. Para mim, é a evidência de que aqueles que adentram brevemente na vida após a morte trazem um pedacinho dela quando retornam.

CONCLUSÃO

Após considerar a força das evidências, estou absolutamente convencido da existência da vida após a morte. Encorajo cada leitor a levar em conta as evidências e chegar à sua própria conclusão. Uma ferramenta para ajudá-lo a determinar o quão convincentemente você acredita que as evidências da EQM são de que existe vida após a morte pode ser encontrada no *site* da NDERF, na nossa página que explora evidências da vida após a morte (http://www.nderf.org/afterlife).

Nove linhas de evidências da existência de vida após a morte foram apresentadas. Essas evidências seriam extraordinárias mesmo se os que passaram pelas EQMs estivessem totalmente acordados e vigilantes nas ocasiões de suas experiências. Mas não estavam. As pessoas que têm experiências de quase morte geralmente estão inconscientes ou clinicamente mortas na ocasião de sua experiência. É inexplicável para a medicina que elas tenham *quaisquer* experiências conscientes, quanto mais experiências tão repletas de evidências apontando para a vida após a morte. Para revisar, eis as nove linhas de evidências:

1. O nível de consciência e vigilância durante as experiências de quase morte são geralmente *maiores* do que os vivenciados no cotidiano, embora as EQMs em geral ocorram en-

quanto uma pessoa está inconsciente ou clinicamente morta. Os elementos nas EQMs geralmente seguem uma ordem coerente e lógica.

2. Aquilo que os indivíduos que têm EQMs veem e ouvem no estado de fora do corpo, durante suas experiências de quase morte, é, em geral, realista e, com frequência, comprovado mais tarde pela pessoa que tem a EQM ou outros como sendo real.

3. A visão normal ou supernormal ocorre nas experiências de quase morte entre aqueles com significativa deficiência visual ou com ambliopia. Várias pessoas que tiveram EQMs e eram cegas de nascença relataram experiências de quase morte de caráter altamente visual.

4. As experiências de quase morte típicas acontecem sob anestesia geral num momento em que uma experiência consciente seria impossível.

5. As recapitulações de vida nas experiências de quase morte incluem fatos reais que aconteceram na vida dos que têm as EQMs, mesmo que os acontecimentos tenham sido esquecidos.

6. Quando os que têm EQMs encontram seres que conheceram na vida terrena, estes estão sempre virtualmente mortos e, em geral, são parentes falecidos.

7. A experiências de quase morte das crianças, incluindo crianças bem pequenas, é impressionantemente similar à de crianças maiores e de adultos.

8. As experiências de quase morte são notavelmente harmoniosas no mundo inteiro. As EQMs dos países não ocidentais parecem semelhantes às EQMs típicas dos ocidentais.

9. É comum que aqueles que têm uma EQM passem por mudanças na vida como efeitos posteriores que se seguem

às EQMs. Os efeitos posteriores são frequentemente poderosos e duradouros, e as mudanças seguem um padrão harmonioso.

O estudo da NDERF é o maior estudo científico de experiências de quase morte já relatado e provê provas científicas novas e excepcionais para a realidade das EQMs e sua mensagem congruente da existência de vida após a morte. Qualquer uma dessas nove linhas de evidências individualmente consiste em evidências significativas da realidade das experiências de quase morte e da vida após a morte. A combinação dessas nove linhas de evidências é tão convincente que acredito que seja razoável aceitar a existência da vida após a morte. Eu certamente aceito.

Não sou o único a concluir que experiências de quase morte são evidências da existência de vida após a morte. É fácil ver por que aqueles que têm uma experiência de quase morte aceitam a realidade de sua EQM e, geralmente, aceitam a existência de vida após a morte. Faz sentido que informações importantes sobre o que acontece quando morremos venham daqueles que realmente quase morreram.

As mais importantes descobertas do estudo da NDERF foram corroboradas por vários estudos acadêmicos anteriores de EQM ao longo de mais de 30 anos. Isso certamente ajuda a validar as notáveis descobertas dos estudos da NDERF.

Essa pesquisa tem implicações profundas para a ciência. As descobertas da NDERF e outros estudos de EQMs estão em conformidade com a conclusão de que existe muito mais na consciência e na memória do que pode ser explicado unicamente pelo nosso cérebro físico. Acho isso incrivelmente empolgante.

Ainda temos muito a aprender com o estudo científico das experiências de quase morte. Posteriores pesquisas científicas das

EQMs e uma variedade de metodologias são encorajadas, e nós da NDERF ajudaremos de toda as maneiras que pudermos. Incentivamos qualquer pessoa que tenha tido uma experiência de quase morte a partilhar seu relato com a NDERF, não importando qual tenha sido o conteúdo da EQM.

Os argumentos dos céticos fracassaram de modo incessante em explicar como as experiências de quase morte ocorrem e por que seu conteúdo é tão coerente. Não existe experiência terrena que reproduza fielmente parte alguma da experiência de quase morte.

Há muitos que aceitam a realidade das EQMs e querem examinar mais a fundo o seu significado. Na NDERF, já estamos estudando isso. Nossas descobertas preliminares indicam que existe muito mais a ser descoberto com as EQMs. Também estamos investigando acontecimentos além das experiências de quase morte que sugerem vida após a morte e podem ser estudados cientificamente. Informações atualizadas sobre a pesquisa em andamento da NDERF e material adicional relacionado a este livro podem ser encontrados no *site* da NDERF (http://www.nderf.org/evidence).

Este livro tem implicações importantes para a religião. As grandes religiões sempre falaram sobre a crença em Deus e na vida após a morte. As evidências das experiências de quase morte apontam para a vida após a morte e um universo guiado por uma inteligência vastamente amorosa. As experiências de quase morte revelam coerentemente que a morte não é o fim, mas uma transição para uma vida após a morte. Esse é um pensamento profundamente inspirador para todos nós e para aqueles a quem amamos. Espero que este livro ajude a promover tal mensagem de encorajamento.

Conclusão

Quanto a mim, pessoalmente, estou demonstrando mais amor pelos outros agora do que antes de ter começado meus estudos sobre experiências de quase morte. O meu entendimento das experiências de quase morte me tornou um médico melhor. Enfrento a vida com mais coragem e confiança. Acredito que aqueles que têm EQMs realmente trazem de volta um pedaço da vida após a morte. Quando essas pessoas relatam suas notáveis experiências, acredito que um pedaço da vida após a morte, de alguma maneira misteriosa, se torna acessível a todos nós.

NOTAS

Mais detalhes sobre descobertas atualizadas de pesquisas, uma bibliografia, perguntas feitas com frequencia, errata, metodologia de estudos da NDERF e uma variedade de outros assuntos relacionados ao material apresentado neste livro encontram-se à disposição no *site* da NDERF (http://www.nderf.org/evidence).

As notas a seguir não se destinam a formar uma lista abrangente de todas as referências relevantes a cada capítulo. A bibliografia disponível em um link no http://www.nderf.org/evidence fornecerá uma lista atualizada das principais fontes de informação sobre a experiência de quase morte e assuntos pertinentes.

Introdução

1. Se cada uma de duas linhas de evidências das experiências de quase morte (EQMs) é convincente em 90% sobre a existência da vida após a morte, a combinação dessas duas linhas de evidências deve ser considerada como a seguir: a probabilidade de que qualquer uma dessas linhas de evidências de EQM *individualmente não* seja convincente sobre a existência de vida após a morte é de 10%, ou 0,1. A probabilidade de que a *combinação* dessas duas linhas de evidências de EQM *não* seja convincente sobre a existência de vida após a morte é (0,1 x 0,1),

ou 0,01, o que é 1%. Assim, a *combinação* de duas linhas de evidências de EQM, sendo que cada uma é 90% convincente sobre a existência de vida após a morte, resulta em 100% menos 1%, ou 99% de certeza de que a vida após a morte é convincentemente considerada como existente.

2. Raymond Moody, *A Vida Depois da Vida* (*Life After Life*, Atlanta: Mockingbird Books, 1975).

3. Para expandir o critério de inclusão das 613 EQMs comentadas ao longo do livro: a experiência teve de descrever uma única EQM e ser relatada em inglês na versão em inglês da pesquisa da NDERF. Relatos de EQMs em segunda pessoa foram excluídos. Essas 613 EQMs consecutivas que estavam de acordo com todos os critérios foram relatadas entre outubro de 2004 e dezembro de 2008. Mais detalhes sobre a metodologia da pesquisa podem ser encontrados em http://www.nderf.org/evidence.

4. A versão atual da pesquisa da NDERF faz todas as perguntas que abrangem a Escala de EQM. A Escala de EQM é descrita em detalhes por B. Greyson, "A Escala da Experiência de Quase Morte: Construção, Confiabilidade, Validade", *Journal of Nervous and Mental Disease*, 171 (1983): 369-75.

5. Existe certa variação no que os pesquisadores de EQM consideram os elementos do que seja uma experiência de quase morte. Os 12 elementos apresentados aqui foram observados constantemente no estudo da NDERF.

6. Quatro outros grandes estudos usaram a Escala de EQM para estudar a frequência dos elementos de EQM: B. Greyson, "A Escala da Experiência de Quase Morte"; B. Greyson, "Incidência e Correlatos de Experiências de Quase Morte numa Unidade de Tratamento Cardíaco", *General Hospital Psychiatry*, 25 (2003): 269-76; A. Pacciolla, "A Experiência de Quase Morte: Um Estudo de Sua Validade", *Journal of Near--Death Studies* (*Jornal de Estudos de Quase Morte*), 14 (1996): 179-85; J. Schwaninger, P. R. Eisenberg, K. B. Schechtman e A. N. Weiss, "Uma Análise Prospectiva das Experiências de Quase Morte de Pacientes de Parada Cardíaca", *Journal of Near-Death Studies*, 20 (2002): 215-32. Os

quatro estudos anteriores contaram com um total de 136 pessoas que passaram por uma EQM.

7. Uma discussão sobre EQMs assustadoras está além da abrangência deste livro. Aos que se interessam por esse assunto, indica-se a leitura da apresentação de EQMs assustadoras no *link* do *site* da NDERF, em http://www.nderf.org/evidence.

8. Fórum de Religião e Vida Pública do Centro Pew, Pesquisa do Panorama Religioso dos EUA, Sumário de Descobertas-Chave, http://religions.pewforum.org/pdf/report2religious-landscape-study-key-findings.pdf.

Capítulo 1: Primeiros Encontros

1. R. Blacher, "Dormir, Possibilidade de Sonhar...," *Journal of the American Medical Association* (*Jornal da Associação Médica Americana*), 242, nº 21 (1979): 2291.

2. M. Sabom, "A Experiência de Quase Morte", *Journal of the American Medical Association*, 244, nº 1 (1980): 29-30.

3. R. Moody, *A Vida Depois da Vida* (*Life After Life*, Atlanta: Mockingbird Books, 1975).

4. R. Moody, *Reflexões Sobre Vida Depois da Vida* (*Reflections on Life After Life*, Nova York: Stackpole Books, 1977), 113.

5. R. Moody e P. Perry, *Coming Back: A Psychiatrist Explores Past-Life Journeys* (Nova York: Bantam, 1991), 11.

6. R. Moody e P. Perry, *A Luz do Além* (*The Light Beyond*, Nova York: Bantam Books, 1988), 62.

7. A conversa entre mim e Sheila (não é seu nome verdadeiro) aconteceu há mais de um quarto de século. Não me lembro dos detalhes exatos dessa conversa. A EQM de Sheila é apresentada com o máximo de precisão que consigo recordar. Não estou tão seguro dos detalhes da EQM de Sheila quanto estou em relação às outras EQMs apresentadas neste livro e extraídas de relatos escritos, partilhados diretamente pelas pessoas que passaram por uma EQM com a NDERF.

Capítulo 2: Jornada Rumo ao Entendimento

1. B. Eadie, *Envolvido pela Luz (Embraced by the Light*, Nova York: Bantam, 1992).

2. G. Gallup Jr. e W. Proctor, *Adventures in Immortality: A Look Beyond the Threshold of Death* (Aventuras na Imortalidade: Um Olhar Além do Limiar da Morte), Nova York: McGraw-Hill, 1982. Há incerteza significativa em relação à prevalência de EQMs, mas a estimativa desse estudo de 5% é amplamente citada, apesar de seus problemas metodológicos.

3. Vários estudos publicados diretamente compararam a confiabilidade de pesquisas da internet com pesquisas com "papel e caneta". O consenso geral de estudos múltiplos sugere que as pesquisas da internet são tão confiáveis quanto pesquisas com "papel e caneta". Uma discussão detalhada sobre esse assunto encontra-se no *link* na página http://www.nderf.org/evidence.

4. D. Karnofsky e J. Burchenal, "A Avaliação Clínica dos Agentes Quimioterápicos no Câncer", em *Evaluation of Chemotherapeutic Agents*, ed. C. M. MacLeod (Nova York: Columbia University Press, 1949), 191-205.

5. Os participantes que compartilham suas experiências de EQM com o *site* da NDERF podem solicitar que suas EQMs não sejam postadas nesse *site*. Menos de 5% das pessoas que passaram por uma EQM fazem esse pedido. Isso ajuda a assegurar que os relatos de experiência de quase morte postados no *site* da NDERF sejam totalmente representativos de todas as experiências de quase morte partilhadas com a NDERF. Uma discussão detalhada de quão representativas as EQMs partilhadas com a NDERF são de todas as EQMs está no *link* na página http://www.nderf.org/evidence.

6. Algumas das EQMs que precisaram ser apresentadas neste livro foram casos nos quais não conseguimos contatar as pessoas que tiveram a EQM. Quando essas EQMs são apresentadas, estão parafraseadas, por questões éticas. Todas as EQMs parafraseadas neste livro são apresentadas como relatos parafraseados. Todas as EQMs parafraseadas estão postadas no *site* da NDERF na sua forma original.

Capítulo 3: Prova nº 1: Morte Lúcida

1. Em seguida a uma parada cardíaca, as mudanças no EEG em conformidade com a diminuição do fluxo de sangue para o cérebro são vistas em cerca de seis segundos. As leituras do EEG plano, de dez a 20 segundos. Vide J. W. Devries, P. F. A. Bakker, G. H. Visser, J. C. Diephus e A. C. van Huffelen, "Mudanças no Fluxo de Oxigênio ao Cérebro e na Atividade Elétrica Cerebral Durante Teste do Limiar de Desfibrilação", *Anesthesiology and Analgesia*, 87 (1998): 10-20.

2. Experiências de quase morte associadas com parada cardíaca foram relatadas em dezenas de estudos previamente publicados. Mais de cem EQMs ocorridas durante parada cardíaca foram relatadas só nesses cinco estudos: M. Sabom, *Recordações da Morte* (*Recollections of Death: A Medical Investigation*), Nova York: Simon & Schuster, 1982; P. van Lommel, R. van Wees, V. Meyers e I. Elfferich, "Experiências de Quase Morte em Sobreviventes de Parada Cardíaca: Um Estudo Prospectivo na Holanda", *Lancet*, 358 (2001): 2039-45; S. Parnia, D. G. Waller, R. Yeates e P. Fenwick, "Um Estudo Qualitativo e Quantitativo da Incidência, Características e Etiologia de Experiências de Quase Morte em Sobreviventes de Parada Cardíaca", *Resuscitation*, 48 (2001): 149-56; J. Schwaninger, P. R. Eisenberg, K. B. Schechtman e A. N. Weiss, "Uma Análise Prospectiva de Experiências de Quase Morte em Pacientes de Parada Cardíaca", *Journal of Near-Death Studies*, 20 (2002): 215-32; B. Greyson, "Incidência e Correlatos de Experiências de Quase Morte em uma Unidade de Tratamento Cardíaco", *General Hospital Psychiatry*, 25 (2003): 269-76.

3. B. Greyson, E. W. Kelly e E. F. Kelly, "Modelos Explanatórios para Experiências de Quase Morte", no *The Handbook of Near-Death Experiences: Thirty Years of Investigation* (O Manual de Experiências de Quase Morte: Trinta Anos de Investigação), ed. J. Holden, B. Greyson e D. James (Westport, CT: Praeger Publishers, 2009), 229.

4. Estudos anteriores de EQM descrevem constantemente aprimoramento do funcionamento mental durante a experiência. Aqui estão dois exemplos ilustrativos: J. E. Owens, E. W. Cook e I. Stevenson,

"Características da 'Experiência de Quase Morte' em Relação à Possibilidade de os Pacientes Estarem ou Não Quase Mortos", *Lancet*, 336 (1990): 1175-77; E. W. Kelly, B. Greyson, e E. F. Kelly, "Experiências Incomuns de Quase Morte e Fenômenos Relacionados", em *Irreducible Mind: Toward a Psychology for the 21st Century* (Mente Irredutível: Rumo a uma Psicologia para o Século 21), por E. F. Kelly, E. W. Kelly, A. Crabtree, A. Gauld, M. Grosso e B. Greyson (Dr. Lanham: Rowman & Littlefield, 2007), 367-421, citação na p. 386.

5. J. Long e J. Long, "Uma Comparação de EQMs que Aconteceram Antes e Depois de 1975: Resultados de uma Pesquisa da Web de Experiências de Quase Morte", *Journal of Near-Death Studies*, 22, nº 1 (2003): 21-32.

6. G. K. Athappilly, B. Greyson e I. Stevenson, "Modelos Sociais Prevalecentes Influenciam Relatos de Experiências de Quase Morte? Um Comparativo de Relatos Feitos Antes e Depois de 1975", *Journal of Nervous and Mental Disease*, 194 (2006): 218.

Capítulo 4: Prova nº 2: Fora do Corpo

1. M. Sabom, *Recollections of Death: A Medical Investigation* (Nova York: Simon & Schuster, 1982).

2. P. Sartori, "Um Estudo Prospectivo de EQMs numa Unidade de Terapia Intensiva", *Christian Parapsychologist*, 16, nº 2 (2004): 34-40. Resultados desse estudo foram apresentados posteriormente com mais detalhes: P. Sartori, *The Near-Death Experiences of Hospitalized Intensive Care Patients: A Five Year Clinical Study* (As Experiências de Quase Morte de Pacientes Internados na Terapia Intensiva: Um Estudo Clínico de Cinco Anos), Lewiston, NY: Edwin Mellen Press, 2008.

3. J. Holden, "Percepção Verídica nas Experiências de Quase Morte", no *The Handbook of Near-Death Experiences: Thirty Years of Investigation*, ed. J. Holden, B. Greyson e D. James (Westport, CT: Praeger Publishers, 2009).

4. K. Clark, "Intervenções Clínicas com Experiências de Quase Morte", em *The Near-Death Experience: Problems, Prospects, Perspectives* (A Experiência de Quase Morte: Problemas, Prospectos, Perspectivas), ed. B. Greyson e C. P. Flynn (Springfield, IL: Charles C. Thomas, 1984), 242-55.

5. K. Augustine, "A Percepção Paranormal Ocorre nas Experiências de Quase Morte?" *Journal of Near-Death Studies*, 25, nº 4 (2007): 203-36; Sharp, K. C. "O Outro Calçado Cai: Comentário sobre "A Percepção Paranormal Ocorre nas Experiências de Quase Morte?", *Journal of Near-Death Studies*, 25, nº 4 (2007): 245-50.

6. P. van Lommel, R. van Wees, V. Meyers e I. Elfferich, "Experiências de Quase Morte em Sobreviventes de Parada Cardíaca: Um Estudo Prospectivo na Holanda", *Lancet*, 358 (2001): 2039-45;

7. Para maiores informações sobre o estudo AWARE, vide Centro de Mídia da Universidade de Southampton, "O Maior Estudo Mundial sobre Experiências de Quase Morte", http://www.soton.ac.uk/mediacentre/news/2008/sep/08—165.shtml.

8. Pessoas que sofrem parada cardíaca geralmente têm amnésia ou confusão com relação a acontecimentos que se deram imediatamente antes ou depois da parada cardíaca. Aqui estão três estudos ilustrativos: M. J. Aminoff, M. M. Scheinman, J. C. Griffin e J. M. Herre, "Acompanhamentos Eletrocerebrais de Síncope Associada com Arritmias Ventriculares Malignas", *Annals of Internal Medicine* (*Anais de Medicina Interna*), 108 (1988): 791-96; P. van Lommel, R. van Wees, V. Meyers e I. Elfferich, "Experiências de Quase Morte em Sobreviventes de Parada Cardíaca: Um Estudo Prospectivo na Holanda", *Lancet*, 358 (2001): 2039-45; S. Parnia e P. Fenwick, "Experiências de Quase Morte na Parada Cardíaca: Visões de um Cérebro que Está Morrendo ou Visões de uma Nova Ciência da Consciência", *Resuscitation*, 52, nº 1 (2002): 5-11.

9. Tem havido múltiplos relatos de outros pesquisadores de EQM sobre pessoas que têm a experiência de quase morte observarem acontecimentos terrenos longe de seu corpo físico e para além de qualquer percepção sensorial física possível. Aqui estão dois estudos contendo

15 EQMs com a comprovação das observações distantes dos que tiveram a EQM feita por outras pessoas: E. W. Cook, B. Greyson e I. Stevenson, "Experiências de Quase Morte Fornecem Evidências da Sobrevivência da Personalidade Humana Após a Morte? Características Relevantes e Relatos Ilustrativos de Casos", *Journal of Scientific Exploration* (Jornal de Exploração Científica), 12 (1998): 377-406; E. W. Kelly, B. Greyson e I. Stevenson, "As Experiências de Quase Morte Podem Fornecer Provas da Vida Após a Morte?" *Omega* 40, nº 4 (1999-2000): 513-19.

Capítulo 5: Prova nº 3: A Visão dos Cegos

1. K. Ring e S. Cooper, "Experiências de Quase Morte e Fora do Corpo nos Cegos: Um Estudo de Evidente Visão Não Ocular", *Journal of Near-Death Studies,* 16 (1998): 101-47. Resultados desse estudo foram apresentados posteriormente em detalhes: K. Ring e S. Cooper, *Mindsight: Near-Death and Out-of-Body Experiences in the Blind* (Visão da Mente: Experiências de Quase Morte e Fora do Corpo nos Cegos), Palo Alto, CA: Centro William James para Estudos da Consciência, Instituto de Psicologia Transpessoal, 1999.
2. Ring e Cooper, *Mindsight*, 25.
3. Ring e Cooper, *Mindsight*, 46-47.
4. Ring e Cooper, *Mindsight*, 41-42.
5. Ring e Cooper, *Mindsight*, 151.
6. Ring e Cooper, *Mindsight*, 153.
7. Ring e Cooper, *Mindsight*, 157, 158, 163.

Capítulo 6: Prova nº 4: Consciente de um Jeito Impossível

1. B. Greyson, E. W. Kelly e E. F. Kelly, "Modelos Explanatórios Para Experiências de Quase Morte", no *The Handbook of Near-Death*

Experiences: Thirty Years of Investigation, ed. J. Holden, B. Greyson e D. James (Westport, CT: Praeger Publishers, 2009), 226.

2. J. C. Eccles, *Evolution of the Brain, Creation of the Self* (Evolução do Cérebro, Criação do Eu), Londres e Nova York: Routledge, 1991, 241.

3. O despertar (total ou parcial) sob anestesia geral provavelmente ocorre numa média de um a três em mil casos: T. Heier e P. Steen, "Consciência na Anestesia: Incidência, Consequências e Prevenção", *Acta Anaesthesiologica Scandinavica* 40 (1996): 1073-86; R.H. Sandin, G. Enlund, P. Samuelsson e C. Lennmarken, "Consciência Durante a Anestesia: Um Estudo Prospectivo de Caso", *Lancet*, 355 (2000): 707-11.

4. A experiência de se despertar durante a anestesia é bastante diferente do que é descrito nas EQMs: J. E. Osterman, J. Hopper, W. J. Heran, T. M. Keane e B. A. van der Kolk, "Consciência Sob Anestesia e o Desenvolvimento de Distúrbio Pós-Traumático", *General Hospital Psychiatry*, 23 (2001): 198-204; P. H. Spitelli, M. A. Holmes e K. B. Domino, "Consciência Durante a Anestesia", *Anesthesiology Clinics of North America* 20 (2002): 555-70.

5. K. R. Nelson, M. Mattingley, S. A. Lee e F. A. Schmitt, "Os Sistemas de Ativação Contribuem para a Experiência de Quase Morte? *Neurology*, 66 (2006): 1003-9.

6. J. Long e J. M. Holden, "O Sistema de Ativação Contribui para as Experiências de Quase Morte e Fora do Corpo? Um Sumário e Resposta", *Journal of Near-Death Studies*, 25, nº 3 (2007): 135-69. Esse artigo está disponível em http://www.nderf.org/evidence.

7. Eccles, *Evolution of the Brain, Creation of the Self*, 242.

Capítulo 7: Prova nº 5: Retrospecto Perfeito

1. Comunicação pessoal do dr. Raymond Moody com Paul Perry.

2. J. A. Long, "Recapitulação de Vida, Crenças Mudadas, Ordem Universal e Propósito e a Experiência de Quase Morte: Parte 4, Almas Gêmeas", Near-Death Experience Research Foundation — NDERF

(Fundação de Pesquisas Sobre a Experiência de Quase Morte — FPE-QM), http://www.nderf.org/purpose—lifereview.htm.

3. S. Blackmore, *Dying to Live: Near-Death Experiences* (Morrer para Viver: Experiências de Quase Morte), New York: Prometheus, 1993.

4. S. Blackmore, "Experiências de Quase Morte: No ou Fora do Corpo?", *Skeptical Inquirer*, 16 (1991): 34-45, disponível no *site* de Susan Blackmore, http://www.susanblackmore.co.uk/Articles/si91nde.html.

5. E. W. Kelly, B. Greyson, e E. F. Kelly, "Experiências Incomuns de Quase Morte e Fenômenos Relacionados", em E. F. Kelly, E. W. Kelly, A. Crabtree, A. Gauld, M. Grosso e B. Greyson, *Irreducible Mind: Toward a Psychology for the 21st Century* (Dr. Lanham: Rowman & Littlefield, 2007), 382.

6. Kelly, Greyson e Kelly, "Experiências Incomuns", 382.

7. O. Blanke, S. Ortigue, T. Landis e M. Seeck, "Estimulando Percepções Ilusórias do Próprio Corpo", *Nature*, 419 (2002): 269-70.

8. O. Blanke, T. Landis, L. Spinelli e M. Seeck, "Experiência Fora do Corpo e Autoscopia de Origem Neurológica", *Brain*, 127 (2004): 243-58.

9. J. Holden, J. Long e J. MacLurg, "Experiências Fora do Corpo: Tudo no Cérebro?" *Journal of Near-Death Studies*, 25, nº 2 (2006): 99-107.

10. E. Rodin, "Comentários sobre "Um Modelo Neurobiológico para Experiências de Quase Morte"", *Journal of Near-Death Studies*, 7 (1989): 256.

11. Estudos documentam que experiências associadas com descargas elétricas no cérebro e crises epilépticas são diferentes das EQMs: P. Gloor, A. Olivier, L. F. Quesney, F. Andermann e S. Horowitz, "O Papel do Sistema Límbico em Fenômenos Experimentais da Epilepsia do Lobo Temporal", *Annals of Neurology* (Anais de Neurologia), 12 (1982): 129-44; O. Devinsky, E. Feldmann, K. Burrowes e E. Bromfield, "Fenômenos de Autoscopia com Crises Epilépticas", *Archives of Neurology* (Arquivos de Neurologia), 46 (1989): 1080-88.

Capítulo 8: Prova nº 6: Reunião de Família

1. E. W. Kelly, "Experiências de Quase Morte com Relatos de Encontros com Pessoas Falecidas", *Death Studies* (Estudos da Morte), 2001: 229-49.

2. Num grande número de EQMs no estudo da NDERF, a pessoa que tem uma EQM encontra um ser durante a EQM que pode parecer conhecido, mas que ela não reconhece. A pessoa que tem a EQM pode reconhecer posteriormente o ser que encontrou como sendo um membro da família falecido, frequentemente quando está olhando antigas fotos de família depois da EQM. Isso foi descrito por outros pesquisadores de EQM: P. van Lommel, "Sobre a Continuidade da Nossa Consciência", em *Brain Death and Disorders of Consciousness* (Morte Cerebral e Distúrbios da Consciência), ed. C. Machado e D. A. Shwemon (Nova York: Springer, 2004), 115-32; E. F. Kelly, E. W. Kelly, A. Crabtree, A. Gauld, M. Grosso e B. Greyson, *Irreducible Mind: Toward a Psychology for the 21st Century* (Dr. Lanham: Rowman & Littlefield, 2007), 391.

3. Nas alucinações, é mais provável que pessoas vivas sejam vistas do que indivíduos falecidos: K. Osis e E. Haraldsson, *At the Hour of Death* (Na Hora da Morte), Nova York: Avon, 1977.

Capítulo 9: Prova nº 7: Da Boca dos Bebês

1. Stanford Encyclopedia of Philosophy, "Afterlife" ("Vida Após a Morte"), http://plato.stanford.edu/entries/afterlife/.

2. Robert T. Carroll, "Experiência de Quase Morte (EQM)", *The Skeptic's Dictionary*: http://www.skepdic.com/nde.html.

3. C. Sutherland, "'Vestígios de Glória': As Experiências de Quase Morte de Crianças e Adolescentes Ocidentais", no *The Handbook of Near-Death Experiences: Thirty Years of Investigation*, ed. J. Holden, B. Greyson e D. James (Westport, CT: Praeger Publishers, 2009), 92, 93.

4. Outros estudos descobriram que as EQMs da infância são muito mais semelhantes às EQMs dos adultos do que não semelhantes: International Association for Near-Death Studies (IANDS — Associação Internacional de Estudos de Quase Morte), "Experiências de Quase Morte de Crianças", http://www.iands.org/nde_index/nds/child.html; J. Holden, J. Long e J. MacLurg, "Características de Indivíduos Ocidentais que Passam por Experiências de Quase Morte", no *The Handbook of Near-Death Experiences: Thirty Years of Investigation*, ed. J. Holden, B. Greyson e D. James (Westport, CT: Praeger Publishers, 2009).

5. Holden, Long e MacLurg, "Características de Indivíduos Ocidentais que Passam por Experiências de Quase Morte", 114.

6. W. J. Serdahely, "Uma Comparação de Relatos Retrospectivos de Experiências de Quase Morte da Infância com Relatos Pediátricos Contemporâneos de Experiências de Quase Morte", *Journal of Near-Death Studies*, 9 (1991): 219.

7. B. Greyson "Coerência dos Relatos de Experiências de Quase Morte ao Longo de Duas Décadas: Os Relatos São Floreados com o Decorrer do Tempo?" *Resuscitation*, 73 (2007): 407-11.

8. P. van Lommel, R. van Wees, V. Meyers e I. Elfferich, "Experiências de Quase Morte em Sobreviventes de Parada Cardíaca: Um Estudo Prospectivo na Holanda", *Lancet,* 358 (2001): 2039-45.

9. M. L. Morse e P. Perry, *Transformados pela Luz* (*Transformed by the Light: The Powerful Effect of Near-Death Experiences on People's Lives*, Nova York: Villard Books, 1992.

Capítulo 10: Prova nº 8: Coerência Mundial

1. A distinção entre países ocidentais e não ocidentais com relação ao estudo de EQMs está apresentado aqui: J. Holden, J. Long e J. MacLurg, "Características de Indivíduos Ocidentais que Passam por Experiências de Quase Morte", no *The Handbook of Near-Death Experiences:*

Thirty Years of Investigation, ed. J. Holden, B. Greyson e D. James (Westport, CT: Praeger Publishers, 2009), 110.

2. Para uma visão geral de pesquisa anterior de EQM não ocidental e alguns dos problemas metodológicos em se estudar EQMs não ocidentais, vide A. Kellehear, "Censo de Experiências de Quase Morte Não Ocidentais até 2005: Observações e Reflexões Críticas", no *The Handbook of Near-Death Experiences*, ed. Holden, Greyson e James.

3. Resultados adicionais e uma discussão mais detalhada sobre a metodologia do estudo transcultural da NDERF podem ser encontrados no *link* em http://www.nderf.org/evidence.

4. Kellehear, "Censo de Experiências de Quase Morte Não Ocidentais", 150.

5. B. Greyson, E. W. Kelly e E. F. Kelly, "Modelos Explanatórios para Experiências de Quase Morte", no *The Handbook of Near-Death Experiences*, ed. Holden, Greyson e James, 215.

6. Holden, Long e MacLurg, "Características de Indivíduos Ocidentais que Passam por Experiências de Quase Morte", 132.

7. É válido enfatizar o quanto pesquisas posteriores serão importantes para o estudo de EQMs não ocidentais e para o estudo transcultural de EQMs em geral. Há uma necessidade de posteriores pesquisas de alta qualidade que incluam a publicação de narrativas representativas de EQM transcultural. Além disso, é preciso haver perguntas padronizadas sobre o conteúdo da EQM, tais como a Escala de EQM, com as perguntas cuidadosamente traduzidas para uma variedade de idiomas além do inglês, como a NDERF fez. Também é necessário haver um esforço para se determinar se houve um acontecimento envolvendo risco de vida na ocasião da experiência. Espero que futuros estudos transculturais de EQM sejam capazes de acessar as pessoas que têm uma EQM de uma variedade de maneiras para ajudar a assegurar que essas pessoas estudadas sejam razoavelmente representativas de todas as pessoas que têm EQMs numa cultura específica. E, é claro, precisamos estudar bem mais indivíduos não ocidentais que passam por uma EQM, de modo prospectivo se possível, para incluir países não ocidentais específicos e subculturas. Encontrar indivíduos não ocidentais que tiveram uma EQM em sociedades que têm pouco contato com outras

culturas será especialmente desafiador, mas também especialmente importante.

8. O arquivo da NDERF das EQMs não ocidentais que foram compartilhadas em inglês ou traduzidas para o inglês encontra-se em http://www.nderf.org/non_western_ndes.htm.

Capítulo 11: Prova nº 9: Vidas Mudadas

1. P. M. H. Atwater, *The Big Book of Near-Death Experiences: The Ultimate Guide to What Happens When We Die* (O Grande Livro das Experiências de Quase Morte: O Guia Máximo do Que Acontece Quando Morremos), Charlottesville, VA: Hampton Roads Publishing, 2007, 372.

2. Um dos primeiros estudos dos efeitos posteriores da EQM foi feito por K. Ring, *Heading Toward Omega: In Search of the Meaning of the Near-Death Experience* (Rumando para o Ômega: Em Busca do Significado da Experiência de Quase Morte), New York: William Morrow, 1984.

3. Dois estudos prospectivos de EQM em sobreviventes de parada cardíaca que acessou efeitos posteriores foram: P. van Lommel, R. van Wees, V. Meyers e I. Elfferich, "Experiências de Quase Morte em Sobreviventes de Parada Cardíaca: Um Estudo Prospectivo na Holanda", *Lancet*, 358 (2001): 2039-45; J. Schwaninger, P. Eisenberg, K. Schechtman e A. Weiss, "Uma Análise Prospectiva de Experiências de Quase Morte em Pacientes de Parada Cardíaca", *Journal of Near-Death Studies*, 20 (2002): 215-32

4. Três estudos encontraram um aumento em efeitos posteriores entre aqueles que tiveram uma EQM e cujas experiências incluíram conteúdo mais detalhado, ou "profundidade". Além de van Lommel et al., "Sobreviventes de Parada Cardíaca" e de Schwaninger *et al.*, "Pacientes de Parada Cardíaca", vide G. Groth-Marnat e R. Summers, "Crenças, Atitudes e Comportamentos Alterados Após Experiências de Quase Morte", *Journal of Humanistic Psychology* (*Jornal de Psicologia Humanística*), 38, nº 3 (1998): 110-25.

5. P. van Lommel, "Sobre a Continuidade da Nossa Consciência", em *Brain Death and Disorders of Consciousness*, ed. C. Machado e D. A. Shwemon (Nova York: Springer, 2004), 118.

6. B. Greyson, "Experiências de Quase Morte e Atitudes Anti-Suicídio", *Omega*, 26 (1992-93): 81-89.

7. D. H. Rosen, "Sobreviventes de Suicídio: Um Estudo de Acompanhamento de Pessoas Que Sobreviveram Depois de Pular das pontes Golden Gate Bridge e San Francisco-Oakland Bay Bridge", *Western Journal of Medicine (Jornal do Oeste de Medicina)*, 122 (1975): 291.

8. P. Sartori, P. Badham e P. Fenwick, "Uma Experiência de Quase Morte Estudada de Modo Prospectivo com Percepções Fora do Corpo e Curas Inexplicáveis Comprovadas", *Journal of Near-Death Studies*, 25 (2006): 69-84.

9. A literatura acadêmica abordando os efeitos paranormais posteriores da EQM engloba R. L. Kohr, "Experiências de Quase Morte e Sua Relação com o Psi e Vários Estados Alterados", *Theta* 10 (1982): 50-53; R. L. Kohr, "Experiências de Quase Morte, Estados Alterados e Sensitividade Psi", *Anabiosis: The Journal for Near-Death Studies*, 3 (1983): 157-76; B. Greyson, "Aumento dos Fenômenos Psíquicos em Seguida a Experiências de Quase Morte", *Theta*, 11 (1983): 26-29; C. Sutherland, "Fenômenos Paranormais em Seguida a Experiências de Quase Morte: Um Estudo Australiano", *Journal of Near-Death Studies* 8 (1989): 93-102.

10. Comunicação pessoal de uma pessoa anônima que teve uma EQM com Paul Perry.

11. Alguns dos estudos que descobriram que as pessoas que passam por uma EQM têm uma diminuição do medo da morte incluem: R. Moody, *A Vida Depois da Vida — Life After Life: The Investigation of a Phenomenon*; *The Survival of Bodily Death* (Atlanta: Mockingbird Books, 1975); B. Greyson, "Redução do Medo da Morte em Indivíduos que Tiveram Experiências de Quase Morte", *Death Studies*, 16 (1992): 523-36; e P. van Lommel, R. van Wees, V. Meyers e I. Elfferich, "Experiência de Quase Morte em Sobreviventes de Parada Cardíaca: Um Estudo Prospectivo na Holanda", *Lancet*, 358 (2001): 2039-45.

Evidências da vida após a morte
foi reimpresso pela gráfica Oceano, para a Editora Lafonte Ltda.